让我们 一起追寻

西郷隆盛：西南戦争への道

SAIGO TAKAMORI: SEINAN SENSO ENO MICHI
by Takaaki Ikai
©1992 by Takaaki Ikai
Originally published in 1992 by Iwanami Shoten, Publishers, Tokyo.
This simplified Chinese edition published 2020
By Social Sciences Academic Press, Beijing
by arrangement with Iwanami Shoten, Publishers, Tokyo

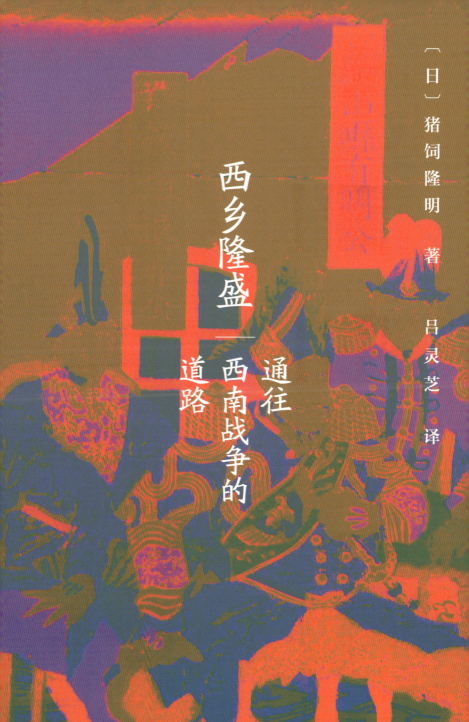

〔日〕猪饲隆明 著

吕灵芝 译

西乡隆盛——通往西南战争的道路

社会科学文献出版社
SOCIAL SCIENCES ACADEMIC PRESS (CHINA)

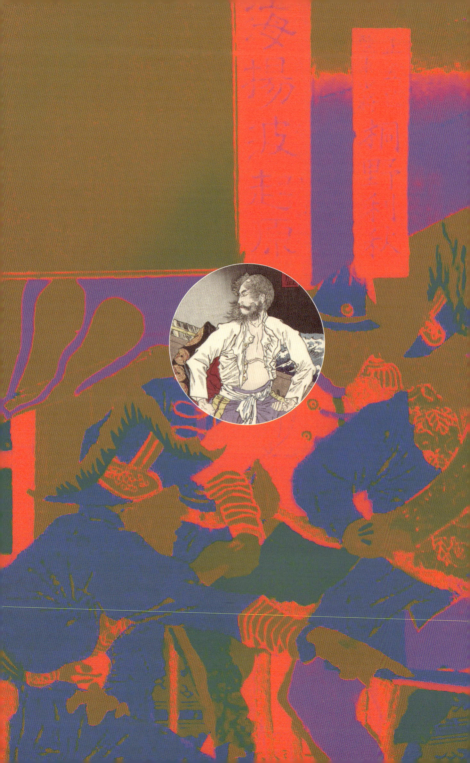

目　录

序章　巨星陨落——西乡隆盛之死及其传说

报道西乡隆盛之死的号外

1877 年（明治十年）九月二十四日凌晨四时，天还未亮。以三声炮响为号，日本政府军开始对据守城山的萨摩军发动总攻击。萨摩军士兵在漫天飞舞的枪弹中连连倒地，逃至岩崎谷的西乡隆盛大腿和腹部也中了弹。别府晋介在西乡隆盛命令之下刎其首级，随后举刀自刃。村田新八、池上四郎、边见十郎太等西乡心腹先后随死。桐野利秋胸部中弹而亡。至此，乃是上午七时许。

贼营陷落，西乡、桐野、村田战死

上午十时五十分，小石川炮兵本厂接到了这通电报。

西乡隆盛：通往西南战争的道路

西南战争爆发时，《东京日日新闻》社长——明治时代的著名记者福地樱痴便深入战地，时刻对战况进行报道和评论，博得了压倒性人气。此次得到电报，更是抢先其他报纸一步，将其做成号外传遍东京市内。

《东京日日新闻》在号外中报道了"久盼萨贼残党剪灭之吉报"，并"欢庆国敌之灭亡"。翌日，派遣犬养毅作为从军记者赶赴战地的《邮便报知新闻》及《朝野新闻》等报纸皆积极报道了平定贼徒的消息。

"西乡星"与存活传言

"巨星终于陨落"。尽管多家报纸对此进行了报道，部分民众还是难以相信西乡隆盛已死。

《朝野新闻》在报道平定贼徒的同一个版面，还刊登了参军川村纯义中将于二十四日零时四十五分发出的电报——"不见贼魁西乡隆盛首级，正在搜寻"。二十七日，该报社长成岛柳北发文称"天有西乡星，地无西乡首""令人胆寒"，二十九日的《邮便报知新闻》也报道了尚未寻获"西乡首级"的消息。找不到"首级"的传言，似乎令西乡依旧存活的说法显得更加可信。

首先传出"西乡星"一说的似乎是大阪方面，八月三日发行的《大坂①日报》称："人皆传闻，每夜二时许，辰巳（东南）方向有'赤红'之星显现，以望远镜观察，可见西乡隆盛身着陆军大将官服立于其上，更有好事之徒彻夜在露台观测。"这应该就是关于"西乡星"的第一则报道。鹿儿岛市立美术馆所藏《西南西乡星之图》（参照下页图）的赞词则称画中所绘之星即为彗星，尽管这只是以西乡隆盛的"蜂起"为"扫帚"②之谐音词的说法，"西乡星"乃彗星之说在当时仍得到了一定程度的传播，还有人使用东京大学校③比·维特的天文学说对其进行解释（篠田矿造《明治新闻奇谈》）。

　　然而，对于"西乡星"究竟是什么天体，火星一说更为有力。《朝野新闻》（八月十九日刊）称：西乡隆盛"愤怒之极，心火骤燃，遂成火星"，并举出了火星的英语

---

① 过去"大坂"与"大阪"并用，1868 年明治新政府在大坂三乡设"大阪府"，使"大阪"逐渐成为正式写法。本书译文除专有名词外，一律记为"大阪"。

② 日文"蜂起"（暴乱、叛乱之意）与扫帚星（彗星，原文称"帚星"）的"帚"同音。

③ 1869 年（明治二年）新政府统合旧幕府遗留的昌平坂学问所（主修儒学）、开成所（主修西学）与医学所（主修医学）成立的官办高等教育机构，后因不同学术传统间矛盾不可调和而分裂，最终采用西洋学制的"大学南校"与主修西医的"大学东校"在 1877 年（明治十年）合并为旧制东京大学。旧制东京大学又于 1886 年与日本工部省的官办学府工部大学校合并，成为日后的东京帝国大学（日本战败后改名东京大学）。

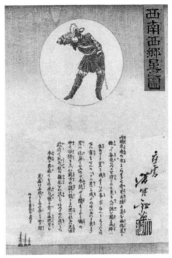

《西南西乡星之图》（左右两幅）

名称为马尔斯，乃希腊神话（实为罗马神话）中之战神的说法作为依据。同年八月，美国天文学家观测到一颗火星卫星，消息传开后，众人皆传闻那是"桐野星"（《邮便报知新闻》十月十一日刊）。在大阪方面，又传出西乡隆盛变成"魔王"的传闻，甚至有人在画报上将其形象描绘出来（《大坂日报》十月十六日刊）。

存活的传闻与新闻论调

无论是"西乡星"抑或"魔王"，人们都相信那是由依旧在世的西乡隆盛变身而成的。而到"西乡星"事件后的第二年，坊间又逐渐传出了西乡隆盛逃往国外，打算伺机回到日本的流言。

和歌山的陆奥宗光因与高知的林有造等人一道，欲起兵支持西乡隆盛而遭到逮捕监禁。《近事评论》报道称，陆奥宗光是因为将西乡隆盛托付给"海外人"，欲把他送往"支那地方"潜伏而被捕（明治十一年六月二十八日刊），《新潟新闻》也转载了这则消息。这应该是宣称西乡尚在人世并已流亡海外的第一则传闻。同年七月十三日的《朝野新闻》也报道了"惊闻众人皆言西乡旅行海外"。在 1881 年（明治十四年），民权运动达到高潮的时期，《邮便报知新闻》曾报道，大阪市内有人兜售小册子称"西乡隆盛战死乃世人误传，此人实际藏身于印度一海岛"，而他将要回到日本再谋大事，并如此这般描述了个中经过（十一月十九日刊）。另外，十年后俄国皇储尼古拉访日时，又开始有传言说西乡隆盛正潜伏在俄国，此次准备随皇储一行回到日本。

众所周知，西南战争结束后不久，福泽谕吉创作了《丁丑公论》。他在文中提到了西乡隆盛、桐野利秋及篠原国干等人被剥夺官职，新闻记者和读者来稿翻脸不认人，形成对西乡一派"辱骂诽谤"的风潮，并对这种行为表示了愤慨。福泽谕吉在文中提出"凡世间盛行专制之举，需存与之对抗之精神""西乡氏乃武力抵抗政府之人，虽与吾辈所思略异，然究其精神，却无可厚非"，对西乡的反抗精神进行了称颂。可以说，民众崇拜"西乡星"，相信他尚在人世、终有一天会重回日本的这种心情，都在福泽谕吉笔下得到了体现。而《东云新闻》评价西乡"挫强敌大，乃君之豪侠天性也"（《明治十年之内乱》明治二十一年八月九日至十一日），也可以看作同一种精神基调的产物。

西乡的平反与再评价

福泽谕吉虽在西南战争不久后就开始执笔《丁丑公论》，却迟迟没有付梓，直到 1901 年（明治三十四年）才初次刊行，当时还附上了"忌惮当时世间形势，故秘不示人"的说明。直到 1889 年（明治二十二年）二月十一日，与《大日本帝国宪法》同时公布的第十二号敕令洗清了西乡隆盛的"朝敌"污名，并追封他为正三位之后，人们才得以公开表达对西乡隆盛的钦慕之情，而不必受到官方压制。

在 1870 年（明治三年），旧庄内藩士因感激西乡隆盛在戊辰战争中的宽大处理，曾以前藩主为首集体前往鹿儿岛拜访西乡，向他求教。彼时西乡隆盛的言行被整理记录为《南洲翁遗训》，由副岛种臣执笔作序文，并于翌年一月出版。到 1894 年（明治二十七年），胜田孙弥编写了第一本西乡隆盛传记——《西乡隆盛传》。此后，以西乡为主角的《遗训》《言行录》《逸话》《豪杰谈》等出版物便层出不穷。

在这些作品中，人们着重强调了西乡隆盛的"仁政主义"，把他当作政治腐败的对立面。此外，中冈慎太郎曾盛赞西乡称："此人有学识，有胆略，常寡言而善思虑雄断，偶出一言则贯人肺腑。"（《时势论》，1865 年左右）坂本龙马初见西乡隆盛时也曾感慨："西乡是蠢蛋，如果他是蠢蛋，就是个大蠢蛋。""这人用力敲打便作巨响，轻轻敲打便只作小声。"（胜海舟《冰川清话》）连胜海舟也说："我不及西乡之处，就在于他的大胆识与大诚意。仅凭我一言，他便孤身一人进入江户城。我平日多少也会动用权谋，而西乡这人至诚至真，我便不忍欺瞒。"（出处同上）这些话语都向日本国民大力宣扬了西乡隆盛的性情之伟（至诚、胆识、坦率、公平、无私等），以及他对近代日本的形成做出的贡献之大。

而由高村光云等人制作，并于 1898 年（明治三十一年）揭幕的上野西乡隆盛牵狗铜像，又给西乡隆盛的评价增添了一丝人性化的魅力，或者说平民气息。

军国主义的"国民英雄"

然而，这些都成了后来西乡隆盛被赋予的新角色的

西乡隆盛：通往西南战争的道路

序曲。

记者朝比奈知泉在 1925 年刊行的《明治功臣录》中，感叹西乡隆盛及其身边志士"若当初得拥精锐以解决朝鲜及支那问题，方今世间喧嚷之东洋经营，早已于四十年前快刀斩乱麻，万事了结矣。每每想来，无不遗憾至极"。渡边几治郎则在 1937 年（昭和十二年）的小论《新日本建设者》中指出，西乡隆盛的声望逐年上升，如今已被奉为"国民英雄"，此乃西乡隆盛的"崇高人格与至诚之力"所致，与楠公及乃木大将、东乡元帅并驾齐驱。渡边认为，西乡的真实形象主要体现在 1873 年（明治六年）的征韩论一事中，当时他做好了被"暴杀"的心理准备，主张作为使节亲赴朝鲜，这正彰显了西乡"不惜生命的至诚"与"国家经纶之大见识"。他还这样说：

> 自幕末以来，西洋文明东渐，尤以俄国东进之势最盛。他将这一时势看在眼中，并为东亚前途与帝国未来深深忧虑。常言先发制人，而后发受制于人，不待彼来而我先往，此乃他对朝鲜、台湾、桦太①之意见的根基。

---

① 即库页岛。

这段文字指出，西乡的精神正是推进"大东亚共荣圈"的思想先驱。

在太平洋战争爆发在即的 1941 年（昭和十六年）夏天，在鹿儿岛创建政治结社"西乡党"的竹崎一二的儿子竹崎樱岳曾写下《肚之西乡》①，文中对已逝的西乡这样评价道：

> 若听从此公明治六年所言，征朝鲜而讨支那，则今日锦旗必远插南洋，英美无可纵横，何止当下之东亚共荣圈，当振世界共荣之大旗，令得八纮一宇之圣德远播万国。

另有如下叙述：

> 外交唯"肚"，唯"断"。绝不可恐惧外国，如今践行绝不算晚。我等当一亿一心，协力奋进，誓要奉献一切，翼赞东亚大业。

文中还提到，"无识之女众乃至女学生，为卜恋情之成败"，还有"学生比试呼吸之强弱"，朝上野的铜像

---

① "肚"在这里指"气概""胆识"。

西乡隆盛：通往西南战争的道路

"呼吹饱浸唾液之纸屑，或向其肚，或向其脸，如落花纷飞"，将铜像玷污（《肚之西乡》）。这些描述与人们的普遍印象之间的落差固然有趣，但从中亦可看出，当时的西乡作为"大陆之一人柱①"（田中惣五郎《明治维新运动人物考》，1941 年），被人们赋予了军国主义英雄的形象。

战后历史学界对西乡隆盛的评价

在这样的历史背景之下，战后历史学界对西乡隆盛与士族叛乱给予了极为严苛的评价。学界一直认为，由于新政府采取开化政策，士族曾经享有的封建特权遭到剥夺，感到不平与不满的士族因此要求恢复特权，同时视维新后的外交政策为"开国和亲"并予以反对，最终发起叛乱。而西乡隆盛也一直被定位为这些不满士族的轴心。

远山茂树的《明治维新》（1951 年）以西南战争的结束为论述的终点，那是因为他判断到此时为止，要想让历史进程倒退已然不可能。井上清的《日本军国主义》（1953 年）和后藤靖的《士族叛乱的研究》（1967 年）通过对西乡隆盛的人生轨迹和士族叛乱的具体分析，进一步巩固了这种见解。圭室谛成则在《西乡隆盛》（1960 年）

---

① 人柱，古代日本在修建大型工程时以活人作为牺牲祈求进展顺利的一种传统习俗。

中认为，"唯有从（西乡）遵照拥有世界性视野的谏言者胜海舟所提出的路线，以平定时局为方针采取行动，直到明治维新的四年间"，才是"西乡传记中最为精彩的部分"。该著作还断定，西乡隆盛在维新之后的言行"皆为反动"。井上清还在《西乡隆盛》（1970 年）中对之前自己提出的论述进一步展开说明，认为西乡作为创造历史的人"被历史完全超越""被历史击败了"。而在近年，还有一种一度出现的主张再次受到关注，这一观点认为西乡隆盛并非所谓的征韩论者，他所主张的其实是通过和平交涉解决问题。

如今，西乡隆盛与士族叛乱在历史研究者眼中已不再是富有吸引力的课题，但对西乡隆盛的论说自同时代人开始一直延续至今，立论之人亦数不胜数。在为数众多的所谓维新元勋当中，唯此一人被重重传说包裹，并在时代的推移中不断被探讨琢磨，反复受到称颂。

在本书中，笔者无意为早可谓汗牛充栋的西乡隆盛传记群添砖加瓦。后世对西乡隆盛的推崇最突出其无私无欲的人生，"不惧强权之豪侠天性"，以及胆识与决断力等人格魅力。然而，要想研究西乡隆盛，首先必须把他作为一个历史当中的人物加以认识。西乡隆盛是明治维新的最大功臣，却为何掀起了当时最大的武装叛乱？而这个挑起叛乱的西乡隆盛，为何在死后不久便得到赦免，并被封为

西乡隆盛：通往西南战争的道路

"朝臣"？他的形象为何会在日本帝国面临危机时频频被忆起，甚至以"西乡传说"这一不断变化的形式深入民众之中？我认为，这些问题中隐藏了阐明明治政府及其官僚制度之性质的关键，同时也指向了近代日本发展的本质性问题。

朝比奈知泉曾说，西乡隆盛"绝非平凡历史家所能描绘之英雄，其人格之高大，亦非头脑冷漠之学者所能评判"。我认为，只有将西乡隆盛的人生轨迹放到近代天皇制国家成立的过程以及两者之间的关系之中，其本质才能得到阐明。故本书以此为课题，尝试对其进行解读。

书中引用史料基本来自公开刊行之校订本。关于西乡隆盛生平，已有《西乡隆盛全集》出版发行，大久保利通、木户孝允等人的书信则大多收录于《日本史籍协会丛书》。

另，在 1872 年（明治五年）日本正式改用太阳历之前，本书日期皆为阴历。

第一章　幕末动乱的主角

一　军事家西乡隆盛登上历史舞台

在江户开城投降①前的动乱时期，西乡隆盛可谓占据了历史舞台的核心位置。1864 年（元治元年）二月，以萨摩藩主岛津忠义之父身份独揽本藩大权的岛津久光将被软禁在冲永良部岛寓所两年之久的西乡隆盛召回。那年的西乡隆盛三十八岁，从彼时起，时代的巨轮将围绕西乡隆盛这个中轴向前滚动。那段激荡岁月，正是西乡隆盛恣意展现其作为军事家之真正价值的时代（西乡前半生的经历将在本书第 43 页简述）。

在西乡隆盛获得赦免前一年，岛津久光率领萨摩藩兵前往京都，与会津藩一道发动政变，将尊攘派公卿尽数清

---

① 指 1868 年德川幕府向新政府军和平移交江户城。

洗（"八月十八日政变"），彻底改变了朝廷内部的立场态势，将京都置于公武合体派的支配之下。岛津久光因这一功绩受封官职，并获准参与朝议，与一桥庆喜、松平庆永、山内容堂、伊达宗城、松平容保等人组成了参预会议。然而岛津久光尚未得意多久，公武合体派便出现内部分裂，"萨贼会奸"①之骂声反倒高涨起来。尽管岛津久光嫌恶西乡隆盛，但为解决眼前事态，他只能依靠后者的才干。赦免西乡隆盛后，岛津久光令其立即上京，并将他任命为军赋役。这一职位相当于萨摩藩邸总指挥官。将诸事托付完毕后，岛津久光本人即刻返回了萨摩藩，西乡隆盛无暇舒缓牢狱之苦，便马不停蹄地成为萨摩藩军队的统领者。而在不久之后，西乡隆盛就发挥了他作为军事家的真正才干：在仅仅数月之后的七月，"蛤御门之变"（亦称"禁门之变"或"甲子战争"）便爆发了。

"蛤御门之变"始末

这场动乱的直接原因，是近藤勇麾下新撰组引发的著名历史事件——池田屋事件。六月五日，新撰组突袭京都三条小桥附近的旅馆池田屋，二十多名聚集在此的尊攘派成员遇袭，其中九人丧命，多人遭到逮捕。接到消息后，

———————

① 指萨摩藩与会津藩。

有藩士遭到杀害的长州藩勃然大怒。长州藩三家老——国司信浓、福原越后、益田右卫门介率领长州军向京都进发，尊攘派浪士真木和泉、久坂玄瑞等人亦率领游击队加入其中。随后，长州军在京都郊外要地嵯峨、山崎、伏见布阵，战争一触即发。

此次出兵在名义上是为了替流落长州的三条实美等尊攘派公卿"哀诉冤情"，推动将攘夷定为国策，并平息浪人的愤怒。但长州藩的真正目的在于倒逼朝廷，让本藩藩主父子重获入京许可。也就是说，他们企图以武力为依托，恢复长州藩在"八月十八日政变"中失去的地位。

面对这一威胁，朝廷的立场开始动摇。六月二十七日的朝议上，经正亲町三条实爱提议，朝廷决定暂时允许长州军入京。然而，一桥庆喜（时任警视部守卫总督）对这一决议极为不满，在当日黄昏入宫直谏："携兵器逼迫朝廷，非臣子之本分，甚为不逊……若允此事，则今夜以会津（松平容保）为首，一桥庆喜亦请辞乞归，但凭朝廷召长州入京。"内大臣近卫忠房很是为难，深夜召见西乡隆盛询问对策。他如此回答：

> 一桥所言极是。以其言为令，若长州暴反，则朝廷可明记罪状，敕令各藩征讨。如此，则名正言顺，亦可重振朝威，当速速歼灭之。（致大久保利通信

函，元治元年七月四日）

　　于是，朝廷采纳了一桥庆喜的建言。在屯兵二十余日之后，从三面进逼京都的长州军终于在七月十九日与以萨摩、会津为主力的十余藩联军发生了冲突。两军以御所蛤御门为战场展开激战，其中由西乡率领的萨摩军表现突出，长州军无计可施，只得败走。战斗实际上只持续了一天，京都大火却直到二十一日才告扑灭，共烧毁两万八千余户房屋。西乡隆盛在此役中不顾腿脚负伤依旧在前线指挥作战，终于威名远扬。

西乡隆盛的征长战略

　　紧随"蛤御门之变"爆发的第一次长州战争又在另一个方面宣扬了西乡隆盛的威名。

　　"蛤御门之变"过后的七月二十三日，天皇敕令幕府讨伐长州藩，幕府随之命令各藩准备出兵。当时幕府任命的征讨长州总督是尾张藩主德川庆胜，总参谋便是西乡隆盛。征讨长州的联军由二十三藩的人马组成，其中萨摩藩实力最强，故安排西乡为参谋实属理所当然。在被联军击败后，长州军在八月又遭到英、美、法、荷四国组成的联合舰队发起的报复性攻击（下关炮台袭击事件），进一步受创。西乡隆盛本欲积极推进对长州的战争，并想借此机会乘胜追击，但与胜海舟的结识让他改变了想法。

当时，胜海舟任幕府海军奉行，是神户海军操练所的长官。西乡隆盛从胜海舟口中听闻幕府的腐败内幕，开始认为此次征讨长州的关键在于应避免让腐败的幕府坐收渔利。在九月十九日寄给大久保利通的书信中，西乡隆盛明确阐述了自己的征长战略。

> 举兵之日若定，吾便即刻入艺（艺州），用尽谋略，将吉川引至德山一带。吾观其内部极为混杂，乃思以长人制长人之策。若将吉川与末家（清末家）皆追入死地，虽破敌而自损亦大矣。以兵力相迫，再用前述之策间之，则反者十之五六。此时举兵深入，极易攻破，故征讨时日一定，吾将火速进入艺州，以施计策。

这段话揭示了西乡隆盛基本战略的全貌，也就是：（一）对长州进行军事包围；（二）"以长人制长人"，即将长州支藩吉川家和清末家拖入战事，令其陷入分裂，再让他们去对付长州本藩；（三）为实施第二项计策，西乡隆盛将亲自深入敌境。

十月二十二日，各藩重臣被召集到征长总督德川庆胜麾下，召开了征长军事会议。西乡隆盛在会上提出了以上战略，强调应该赦免归顺之人。对于各藩争论不休的"布阵"问题（即对战时各自责任的分配），西乡进言道，现在决定部署方针易使各藩士气消沉、军心动摇，应"待总督抵达艺州，亲察形势"之后再来定夺，当前首要事项为尽快出兵。德川庆胜对西乡的良策颇为感佩，赐他胁差①一柄，令其"尽全力而为"（致小松带刀，十月二十五日信函）。

西乡隆盛战略成功

得到总督德川庆胜的私下认可后，西乡隆盛于十月二十六日携吉井友实（后改名幸辅）、税所笃等人离开大阪，十一月二日抵达广岛。翌三日，西乡隆盛与岩国藩的吉川监物会谈并传达了总督的命令，要求他尽快处置福原越后等三家老，向朝廷恭顺谢罪。

在此之前的十一月一日，长州藩主毛利敬亲、定广父子召开本藩与三支藩的联合家老会议，决定了将长州三家老交由征长总督处置，五位参谋由长州藩来处置，流落长州的五位公卿（三条实美、三条西季知、东久世通禧、壬生基修、四条隆謌。原为七卿，但当时泽宣嘉已离开长

---

① 一种短刀，刀长一般在30厘米到60厘米，武士平时将其与长刀搭配佩于腰间，这种武器也允许一般百姓随身携带。

州，锦小路赖德已病死）将被送往他地，并作谢罪恭顺之表态等事宜。此时，事态已在顺应西乡隆盛的想法发展。

国司信浓、福原越后、益田右卫门介三家老负罪自刃，并在十一月十八日于广岛国奉寺接受了首级勘验。五名参谋中，中村九郎等四人被处以斩刑，藩主毛利父子还提交亲笔谢罪书，并拆毁了山口新城。西乡隆盛的工作进展得似乎极为顺利。

亲入敌境

然而，五卿转移一事却遇到了阻碍。除五卿自身之外，包括奇兵队在内的长州诸队①以及高杉晋作、伊藤俊辅（后改名博文）、井上闻多（后改名馨）等革新派对此强烈反对，因此实现起来非常困难。西乡隆盛令福冈藩士早川养敬、月形洗藏和侍奉五卿的土佐藩士中冈慎太郎等人说服五卿转移，又于十二月十一日亲自带吉井、税所等人深入敌境，来到长州治下的下关。在那里，他直接劝说奇兵队等长州诸队队长，并同意做出让步，在征长军退兵后马上将五卿转移至福冈藩。

不过，在劝说成功后不久的十二月十六日，高杉晋

---

① 江户时代末期长州藩以非藩士出身者为主体组建的志愿兵部队的总称，其中以高杉晋作领导的"奇兵队"最为著名。

作、伊藤俊辅一党便高举"讨伐俗论党"旗号，袭击并占领了位于马关新地的藩会所（商业海运事务所），甚至抢夺了当地的军舰。征长总督府内顿时生出如此则无法转移五卿，因此反对退兵的论调。西乡隆盛则坚持认为这一激进派行动为长州藩内部事务，征长军不应介入，主张立即退兵。最后，征长军不举一兵，于十二月二十七日撤退。

次年，亦即 1865 年（庆应元年）一月，高杉晋作等长州藩的革新派政变成功。其后，长州藩的路线开始倒向讨幕。西乡隆盛的战略无意中推动了讨幕派的诞生，为萨摩长州联手这一构成维新变革之内核的重大事件提供了条件。

不管怎么说，西乡隆盛继在"蛤御门之变"中作为指挥官声名远扬之后，又成功地在第一次征长战争中实行了自己的策略，作为"萨贼会奸"之魁首却不惧长州人的憎恶，深入敌阵展开交涉，最后不用一兵一卒令长州藩归顺，这样的胆识与能力自然为西乡隆盛在维新变革的过程中赢得了难以撼动的地位和赞誉。

西乡隆盛返回萨摩

征长军撤兵后，西乡隆盛马上返回了萨摩。从此，他除了曾上京一次之外，便一直留在萨摩巩固本藩的舆论立场，同时充实萨摩的军备。此外，他还以土佐浪士坂本龙马和中冈慎太郎为中介，推进缔结萨长同盟的工作。1866年（庆应二年）一月，萨长同盟正式缔结，当时代表长州一方的主要人物是桂小五郎（木户孝允）。这一同盟的缔结对约半年后幕府方面贸然谋划的第二次征长战争的惨败起到了决定性作用，令幕府威严扫地。但在将军德川家茂病死之后，一桥庆喜①继任将军之位，于1867年（庆应三年）十月押下重大赌注，实行大政奉还，由此成功地挽回势力，使局面骤然紧张起来。

在此期间，讨幕派与幕府之间的奋力争斗虽也十分有趣，只可惜篇幅有限，在此无暇展开详述。我们还是把目光转向王政复古政变发生的现场——时惟1867年（庆应三年）十二月九日，地点是京都御所内的小御所。

二　从王政复古到武力讨幕

十二月八日，召集主要公卿及在京藩主、重臣举行的朝议迟迟不决，直到九日清晨才告散会。其后，西乡率领的萨摩、艺州、土佐、越前、尾张等藩的兵马立即固守宫门，事前得到通知的皇族、公卿、藩主、重臣再次被召集起来。岩仓具视携王政复古的声明（即《王政复古之大

---

①　后改名德川庆喜。

号令》）入朝参见，正式发布了王政复古的决定。

新政府的问题焦点在于如何处置德川庆喜。公议政体派①的土佐藩主山内容堂认为德川庆喜应该加入新政府，讨幕派的岩仓具视和大久保利通则强烈反对，两派之间发生了论战。双方互不相让，会议一直持续到深夜，而最终决定局势走向的仍然是西乡隆盛。西乡隆盛漫不经心地说："只需短刀一柄即可解决。"这一决心催动了岩仓及大久保。山内容堂家的重臣后藤象二郎意识到对方可能采取非常手段，终于成功说动了容堂等人，如此一来，朝廷最终决定对德川庆喜下达"辞官纳地"（辞去内大臣官职，返还相应部分的领地）的命令。

政变暂告成功，但不久之后，山内容堂及松平庆永等公议政体派又卷土重来，使情势动摇了一段时间。令这一变数成为可能的，正是《王政复古之大号令》所制定的三职制这一官制。

三职制的特征

《王政复古之大号令》前半部分提出了废除"摄关、幕府"，以"神武创业"的时代为指导理念的宣言，后半

———————

① 幕末时期的一种主张幕府和各藩展开政治协商的路线，详情见本书下一节。

部分则规定了具体的官制和人事安排。这一部分内容中提到的官制又被称为三职制，所谓三职分别为"总裁""议定"和"参与"。《大号令》规定，由有栖川宫炽仁亲王担任总裁；出身皇族的仁和寺宫嘉彰亲王与山阶宫晃亲王，中山忠能、正亲町三条实爱、中御门经之等三位公卿，以及尾张、越前、安艺、土佐、萨摩藩主（德川庆胜、松平庆永、浅野茂勋、山内容堂、岛津忠义）等五人任议定；大原重德、万里小路博房、长谷信笃、岩仓具视、桥本实梁等五名公卿及前述五藩各派三名藩士任参与。

从这一结构中可以清楚地看到，新政权可以说是公家与尾张、越前、安艺、土佐、萨摩五藩组成的联合政权。不过从其内在安排来看，这也可以说是一个以公议政体派为中心的政权。公议政体派延续了1867年（庆应三年）幕府及萨摩、越前、土佐、宇和岛四侯会议的谱系。这一路线是在萨摩藩迅速倒向武力讨幕、因此积极推动缔结萨长同盟的同时，为了与之对抗，以土佐的山内容堂等人为中心建立起来的。也就是说，这一路线虽然认为讨幕在所难免，但仍主张建立包含德川氏在内的诸侯会议，在调整统治阶级内部矛盾的同时，试图维持封建权力。原口清将其称为"封建民主主义"（《戊辰战争》）。越前的松平庆永及宇和岛的伊达宗城等人都支持这一路线。

因此，王政复古的政变虽然是在武力讨幕派占据优势的基础上展开的，但作为回避军事冲突的代价，讨幕派还是不得不向公议政体派做出妥协。其实，早在一度以武力讨幕派的胜利告终的小御所会议上，妥协就已经存在：小御所会议最终得出的结论是暂时由越前的松平庆永等人负责周旋，向庆喜提出"辞官纳地"一事，这一不彻底的决定立刻产生了影响。

公议政体派卷土重来

十日清晨，松平庆永与德川庆胜前往二条城拜访德川庆喜，传达要求其辞官纳地的旨意。德川庆喜给出答复："本人并无异议，但不知旗本①与会津、桑名藩兵一时情绪激昂，会做出何等举动，故请容我听取老中②意见，待安抚旗本人心后再行事。"二人答应下来之后，回到三职会议进行汇报。大久保利通及西乡隆盛提出强烈抗议，称"（庆喜的表态）并未明确认同返还领地之事"，但朝议最终同意了庆喜的请求。

或许是基于这个情况，十二日，山内容堂提交意见书，认为应将处置德川庆喜之事全权交由松平庆永负责，

---

① 直属于幕府的武士。

② 江户幕府要职之一，一般同时设有数人，通过协商制定幕府政策。

并尽快解除戒严，建立议事制度，举行诸侯议会。后藤象二郎基于这条路线对在京各藩进行了劝说工作。此外，公议政体派还想到了一个巧妙的方法，以便将武力讨幕派从三职制中排除出去，实现公议政体。这个方法便是制订议事所的暂行规定。

十二月二十五日（日期为推测），担任参与的后藤象二郎与福冈孝弟等人组成议事所，并制订了关于座次顺序、议事时限、议事顺序等内容的暂行规定。这一规定废止了三职齐聚一堂召开的会议，将议事所分为上下两个部分。"上议事所"为"皇帝、皇族、公卿、诸侯会议之所"，"下议事所"为"各藩征士、贡士及都鄙有才者会议所"。参与一职里的公卿为"上参与"，属于"上议事所"，藩士阶层出身的参与则为"下参与"，应参加"下议事所"的讨论，参与一职由此一分为二。"上议事所"拥有提议和决议权，"下议事所"则"不讨论，只尽建言"，被贬低为"上议事所"的咨询机构。

如此一来，新政府的决策结构便很难反映大久保利通和西乡隆盛等武力倒幕派参与的声音。而在十二月十二日，仁和寺宫议定还暗中指责身份卑微的岩仓具视及陪臣出身的藩士参与行事有僭越之嫌，并提交了宫中不可扰乱上下尊卑之别的意见书，而这种主张就成了规定之一。二十七日，岩仓具视从参与升格为议定，但在此期间，岩仓作为武力讨幕派的立场出现了动摇。想必这是因为他在这种政府结构中遭到了孤立。

公议政体派的卷土重来只差一点便要成功，但就在此时，将形势一举反转的大好时机到来了。

萨摩藩邸遇袭

此时起到重要作用的人物是相乐总三。相乐总三等人后来组成了东征军的先头部队——赤报队，他们走遍东山道①散布年贡减半令，最后被定罪为"伪官军"而遭到处罚，是历史上有名的悲剧人物。此人自前一年十月以来，就奉西乡隆盛密令，扰乱江户治安。他以位于芝三田的萨摩藩邸为大本营，召集平民出身的草莽浪人，不断袭击江户市内的富豪人家，施暴劫掠。这一挑衅行动到年底终于发挥了作用：在三田屯所遭到枪击后，负责江户城内治安警备的庄内藩士于十二月二十五日凌晨向萨摩藩邸与支藩佐土原藩邸发动了袭击。

此时身在大阪城的德川庆喜正加紧从江户调集陆海军兵力，令其集中到大阪城以准备决战。十二月二十四日，德川庆喜的亲信老中板仓胜静等人向江户的老中寄去信

---

① 连接日本关东地区与关西地区的重要古道之一，与穿过太平洋沿岸地区的东海道相对，主要经行于日本中部山地。也可指代东山道经行的地区（今日本长野、群马、栃木等县）。

函，下达了一旦证实浪人暴动的大本营是江户萨摩藩邸，就立即对该藩邸发起攻击的指示，并称大阪城方面亦会在条件齐备后开始讨伐萨摩，彼时东西呼应，定能一举将其消灭（石井孝《戊辰战争论》）。在备战的同时，十二月二十八日，德川庆喜提交了正式的复命书，表示同意辞官，但事实上拒绝返还领地。松平庆永等人接到复命书大感困惑，而在山内容堂的判断之下，公议政体派向朝廷提交了一份以德川庆喜之名宣称将谨遵辞官纳地之命的伪造复命书。然而，萨摩藩邸遇袭的消息，将公议政体派这些小把戏一举推翻了。

鸟羽、伏见爆发战事

就在德川庆喜提交复命书的二十八日当天，火攻江户萨摩藩邸的报告传到了大阪城，城内顿时群情激奋。当天夜里，德川庆喜决定进攻京都，并于 1868 年（明治元年）元旦起草"讨萨表"，令大目付将其呈给京都朝廷，同时命令大阪城中一万余军队向京都进军，还命令各藩出兵配合。翌二日，一万五千人马开始朝京都进发。

当天傍晚，幕府军进兵的消息传至朝廷，松平庆永及山内容堂大惊失色，急派使节前去劝说德川庆喜停止举兵，但为时已晚。与此同时，西乡隆盛、大久保利通和长州的广泽真臣等武力讨幕派人士着手准备在鸟羽、伏见迎击幕府军。讨幕派于三日午后召集三职与百官进行紧急会议，并成功让会议做出决定，要求幕府军立即返回大阪，否则将其视为朝敌，坚决予以讨伐。至此，西乡隆盛完美抓住了开战的契机。

三日傍晚，战斗终于在京都郊外的鸟羽、伏见打响。传闻西乡隆盛曾在此时说"鸟羽一声炮响，胜过百万友军"。以萨长为主力的武力讨幕派兵力不足五千，尚不足幕府军的三分之一，但经过三天的战斗，讨幕派还是令幕府军大败而走。

之后的一月七日，朝廷发出了讨伐德川庆喜的命令。这份命令称"现在彼既开兵端，庆喜之反状明白可判。此僚始终欺瞒朝廷，大逆不道，朝廷已无宽恕之理由，非追讨而不可取也"，从而单方面宣判了德川庆喜的罪行，又称"至此时节，不辨大义，暗通贼徒，或使潜居者皆视同朝敌，当处严刑"，以恫吓各藩，令其归顺朝廷。此时被任命为征讨将军的仁和寺宫嘉彰亲王立刻出发前往大阪城，然而早在一月六日夜间，德川庆喜便乘幕府军舰"开阳丸"逃往江户了。

新政府军在鸟羽、伏见之战中的胜利令近畿以西的各大名决定采取支持讨幕的态度，同时也令政府内部公议政体派的势力倒台，武力讨幕派就此完全掌握了政局的控制权。

三 西乡隆盛与戊辰战争

为征讨逃回江户城的德川庆喜，戊辰战争爆发了。然而对新政府来说，最重要的事务已经不仅仅是讨幕。在慑服诸大名、接管德川领地的同时也有必要建立新的政府机构，因此调整自身的权力机构就成了新政府的当务之急。于是在一月十七日，三职七科制成立，这是新政府设立的第一个行政机关。七科作为行政机关，由神祇、内国、外国、海陆军、会计、刑法、制度七个部门组成，各科长官称事务总督，从议定中任命，次官称事务挂，从参与中任命。

西乡隆盛被任命为参与兼海陆军务挂，成为事实上的军事事务最高责任人。他本人曾说"吾好军事"（致土持政照信函，庆应元年三月三日），作为军事家的实绩也是他人难以比肩的，因此这项任命可谓理所当然。然而，这次海陆军科的人事任命却引发了一些问题，与后来西乡隆盛的处世之道有一定的关系。一开始，萨摩藩主岛津忠义与岩仓具视、仁和寺宫嘉彰亲王一道被选任为海陆军务总督，但西乡隆盛强烈反对，翌日便令岛津忠义辞去了这一职务。至于西乡隆盛反对的理由，将在后文论及。

"令庆喜切腹"

回到江户城的德川庆喜于一月二十一日向在京的德川庆胜、松平庆永、浅野茂勋（艺州广岛藩世子）、细川护久（肥后藩主之弟）送出书信，提出想以下野隐居换取朝廷撤去朝敌指控。另外，受德川庆喜委托进行斡旋的静宽院（前将军家茂之妻，出家前头衔为和宫）也向朝廷请求宽大处理。可是与此同时，德川庆喜又向英国外交官厄内斯特·萨道义和法国公使莱昂·罗什传达了坚决应战的意向。在这种情况下，西乡隆盛主张严厉处置德川庆喜。

> 庆喜退隐之哀诉，甚为无礼，吾愿诚请令其切腹，然越（越前）土（土佐）等藩恐生宽宥之论。如此，则即便静宽院出言相劝，亦为逆贼一党，若言退隐即可平息事端，吾将无以忍耐，唯愿断然讨伐之。朝廷受此重压，乃令宽大处之，他日必被反咬一口，百害而无一利也。（致大久保利通信函，二月二日）

然后，他还要求大久保利通"务以英断严加处置"。

西乡隆盛认为，若不以武力进行讨伐，就无法扫清旧幕府势力。二月三日，被认为由大久保利通撰写的亲征诏（《征讨大号令》）颁布，新政府接着用一周时间完成了征讨军的集结工作。东海、东山、北陆①三道先锋总督兼镇抚使由公卿两人（正、副职）担任，同时设有参谋一职。被选中的参谋为负责东海道的木梨精一郎（长州）、海江田信义（萨摩），负责东山道的板垣退助（土佐）、伊地知正治（萨摩），以及负责北陆道的黑田清隆（萨摩）、品川弥二郎（长州）。新政府在这三道本已派出官军作为镇抚使，后来又对这些部队进行改编，并增加了兵力。在此之上又设征讨大总督府，负责指挥各道先锋总督。担任大总督一职的是有栖川宫炽仁，上参谋为两名公卿，西乡隆盛和广泽真臣则被选为下参谋，但因为广泽坚决请辞，其位置转而由林玖十郎（宇和岛）接替。

西乡为何不愿出任参谋

不过，西乡隆盛似乎并不想出任下参谋一职。在三月五日于骏府（静冈）写给身在京都的吉井幸辅的信中，他这样写道：

> 前日抵达府中（静冈）时，闻今日大总督驾临，恭行迎接之事，现大总督已平安到达，甚可庆也。大总督（府）参谋一职，吾与广泽相商，应由广泽全

---

① 连接东西日本的古道之一，主要经行本州岛北部日本海沿岸地区。

权负责，吾则先行出阵。如今反被他抢先，故吾亦早早逃离名古屋，孰料途中收到获任参谋之命，诚请尽力安排，令吾调任他所。

大总督府参谋人选的内定时间为二月九日。西乡隆盛不想接受这一任命，便在与广泽真臣商量后，将参谋一职交由他来担任，随后不等十五日出发的大总督有栖川宫，便于十二日先行率领萨摩藩兵马赶赴东海道。但由于本来要接任的广泽真臣坚决请辞，因此西乡隆盛反而被广泽"抢先"了。这一推脱导致正式任命的信函直到十四日才发出，而西乡隆盛则在名古屋听闻了此事。他若继续待在名古屋，将会被大总督赶上，于是他马上动身赶往前线，可惜在路上就收到了任命书。

在组织征讨总督人员配置的同时，新政府也将官制从三职七科制改为三职八局制，海陆军科被改组为军防事务局。西乡隆盛在十四日被任命为征讨大总督府参谋后，就被解除了原海陆军务挂的职位。吉井幸辅被任命为军防事务局判事，于是西乡隆盛强烈要求由吉井幸辅来担任大总督府参谋。

日前吾拜访先锋参谋，言明以吾之秉性，已无法与小朝廷相容，孰料彼先行请辞，令吾错愕不已。诚请您能勉为其难，好自思量，吾将万分感谢。

西乡为何如此不愿意当这个参谋呢？

　　萨兵尚不成体统，公亦知相良阁下（相良长发，
小松带刀的胞弟）年幼，难以统领部队，而贼军之
中尚有智将，大久保与胜亦出任参政，故我方绝不可
大意也。

　　幕府军有若年寄大久保忠宽（一翁）和陆军总裁胜
海舟这样的"智将"，萨摩军却没有与之相当的统帅人
物，相良长发年纪尚轻，所以西乡隆盛明言自己的任务应
该是统率萨摩军。虽然不能完全否定这一考量的作用，但
很难认定这就是西乡拒绝出任参谋的根本原因。

　　从结论来看，西乡隆盛此举的主要用意应该在于回
避非议——因为自从鸟羽、伏见之战以来，幕府乃至新
政府内部都出现了公开或私下的议论，认为此次讨伐幕
府的战争，其实是萨摩藩针对幕府挑起的私斗。即便事
实不是如此，三道先锋总督的阵容也确实以萨摩为主力。
若此时西乡隆盛就任大总督府参谋，这样的非议恐怕就
难以避免。上文提到西乡隆盛反对萨摩藩主岛津忠义出
任海陆军务总督，其用意也在于此。后来在1869年（明

治二年）二月，岛津久光、岛津忠义分别被赠予从二位和从三位的位阶，西乡隆盛也坚决反对，最终使朝廷撤回了赠位的决定。我们可以认为，这一举动也是出于同样的用意。

不过，虽然西乡的担忧颇有道理，但时人对萨摩和西乡将在讨伐幕府的战事中充当主力的预期，以及讨伐幕府作为超越一藩之利害的全国性事业的性质，本就是彼此独立的两个问题，并不互相抵触。因此西乡隆盛即便想要退居幕后，也无法如愿。

大久保利通的角度

与此形成鲜明对照的则是大久保利通。1869 年（明治二年）十二月十八日，大久保利通在回归萨摩之际起草了一篇题为《妄议》的文章，并分发给一众同志。顺带一提，大久保此次归藩乃是奉藩主之令，此时藩主已无力压制下级士族的骚动。大久保在鹿儿岛停留数月后，再次回到中央政府。因为大久保未能解决萨摩的藩政问题，此时已经隐居的西乡隆盛才得以再次登场，并出面处理藩政（参照第二章第三节）。

大久保批判道："将萨长置于辇毂之下（都城），令关大政，则令朝廷偏信两藩之议论更盛，终成天下不平之基。"他认为这样"万万不可"，并发表了以下意见：

论旨本为公平，然则，若朝廷有其力而立其论，则公平实为公平。若不能勘其事实而详其势，则恐沦为空论也。试论，自壬戌（1862 年）以来，首唱勤王之理，参朝以拜天颜，开辕掌王事（为勤王事业奔走）之基者，萨长也。天下列藩习之。……其进退举止关乎天下大势。今萨长伺天下之动静，退而旁观之时，天下列藩亦习之。今萨长重朝廷而倾力相守，天下列藩亦习之，其势甚了然也。

大久保是最早脱离藩的体制，并从中解放得最为彻底的官僚。但在现实中，藩的体制依旧存在，而且萨长的举动还会左右其他各藩，因此大久保作为官僚和政治家，理所当然会重视萨长的举动。反言之，正因为大久保脱离了藩的掌控，藩在他看来才可以作为一种政治工具加以利用。

如此一来，在大久保的对照之下，可以窥见西乡隆盛对国家事业被非议为萨摩藩私斗一事非常在意，这反倒令他拘泥于萨摩藩的立场。这种意识正是决定西乡隆盛行动的重要因素之一。

围绕江户城攻城的交涉

征讨大总督于三月五日抵达骏府（静冈）。六日，大总督传令东海、东山道两军"于三月十五日总攻江户城"，东海道先锋军接令后，于三月十二日抵达品川，东山道先锋军则于三月十四日抵达板桥。

大总督发出总攻指令的三月六日当天，江户城的胜海舟派山冈铁太郎（铁舟）为使者前往西乡隆盛在骏府的驻地。此时，德川庆喜已于二月十一日离开江户城偏居上野宽永寺。山冈穿过官军警戒线来到西乡隆盛帐中，递交了胜海舟的那封著名书信。胜海舟在信的开头写道："无偏无党，王道堂堂。今官军虽进逼鄙府，我等君臣仍谨守恭顺之礼，因我德（川）氏之军民，亦皇国之一民也。"他在信中表示，幕府一方诚然有"不解我主之意"的"不教之民"和"乘大变之时谋不羁之徒"，但德川军民皆为"皇国之一民"。虽然胜海舟只提出了"请察其详，正其条理"的诉求，但他的真实意图极为明确。

西乡隆盛让山冈铁太郎就地等待，随即召开参谋会议，在获得大总督批准后，敲定了接受德川庆喜投降的条件。新政府军提出的要求包括将德川庆喜交由备前藩看管和立即交出城池、军舰与兵器等七条，若能立即落实全部要求，则"德川氏家名存续一事可以宽大处理"。

与西乡隆盛此前要求庆喜"务必切腹"的态度相比，他在骏府提出的条件已经算是极大的让步。后来山冈铁太郎提出，其他条件尚且不论，唯独将德川庆喜交由备前看管一事，自己身为家臣着实不能接受。西乡隆盛感其热忱，回答说庆喜一事可交由我来处理。山冈铁太郎听闻西乡隆盛之言甚为振奋，于是火速返回江户，向胜海舟汇报了交涉的结果。

三月十一日，西乡隆盛抵达东海道先锋总督府所在的池上本门寺。十二日，他向刚刚抵达八王子的东山道先锋军参谋板垣退助发出指令："胜、大久保等人亦在设法斡旋""十五日前万勿擅动"。

与胜海舟谈判的内容是什么

胜海舟听闻西乡隆盛抵达品川，马上向其提议面谈。日后留名青史的胜海舟—西乡隆盛会谈总共分为两场，第一场于十三日，在位于高轮的萨摩藩邸进行，第二场则是在十四日于田町①一家已关张的名为"桥本屋"的店内进行。

胜海舟针对七项要求提出了修改议案，希望将德川庆喜的软禁地点改为水户城，并就其他条件也提出了宽大处分的请求。听取上述请求之后，西乡隆盛暂停了对江户城的攻击，在预定发动总攻的十五日离开江户回到骏府，与大总督商讨德川庆喜处分议案。然后，西乡隆盛又前往京都，并于三月二十日在三职会议上达成协议，又在二十五

---

①　东京地名，在今东京都港区。

日再次回到大总督驻地，确定最终的处分方案。

新政府的处分方案虽然接受了胜海舟提出的让德川庆喜"退居水户城"的要求，但其内容正如井上清所指出的那样，与二月下旬大久保对岩仓提出的德川处分意见书相同（《西乡隆盛》下）。这份方案中反映了新政府对包括江户在内的关东地区爆发救世起义①之风险的警惕意识（胜海舟也提醒了这点），也可以说体现了巴夏礼②施加的压力。不过，新政府的方针可以总结为：只要德川家不做反抗，并对新政府表示绝对恭顺，就能得到高度的"宽典"（原口清《戊辰战争》），因此我们很难断言这一方案的内容一定是西乡隆盛与胜海舟或山冈铁太郎交涉后独自制订的。尽管如此，这个结果仍旧是西乡隆盛本人之战略规划的产物。

西乡隆盛战略规划的基本要点

西乡战略规划中的第一要务是对江户城的德川氏进行军事包围，维持一旦遭到反抗便立刻进行军事镇压的态势。在确定了对德川庆喜采取宽大处分的方针后，西乡曾

---

① 日文作"世直し一揆"，指江户末期平民打出匡扶世道的旗号发起的暴动，主要诉求为抗议税负与物价上涨，以及要求改善民生。

② 哈里·斯密·巴夏礼爵士（Sir Harry Smith Parkes, 1828—1885），19 世纪英国外交家，主要在中国与日本工作。

给身在京都的大久保利通送去了一封信函（三月二十一日）。当时木户孝允认为在接收江户城后，京都方面应该向关东增派兵力，以进一步讨伐会津。在西乡看来，这个看法虽然很有道理，"然尽早将兵力派往当前之战阵"方为上策，由此可以"首先挫贼之胆"，亦可表明"朝廷坚定"之姿态。早早派兵进行军事压制，正是西乡隆盛的战略，这也成了江户城控制权"和平"移交的保障。

第二要务是利用敌方内部分裂，以敌制敌。这一战略在进逼江户期间也起到了很大作用。换言之，就是借胜海舟和大久保忠宽之力，让他们出面解决德川家内部的问题。

待条件齐备之后，再提出妥协性的解决方案，这就是西乡隆盛的基本战略。如此一来，不仅可以防止问题拖延不决，也可以减少人们对在制定处分方案的工作中起核心作用的西乡隆盛本人的怨恨，甚至反而对他心怀感谢。虽不知道西乡隆盛对这个问题的后半部分有多少认识，但这种战略早在第一次征长战争中就已成功实施过，此次可谓再获成功。

四月四日，东海道先锋总督兼镇抚使桥本实梁、柳原前光两人作为敕使来到江户城西丸①向德川一方的田安庆

---

① 此处江户城指江户城郭之内，非幕府属下的外藩武士一般无法进入，进入时也不得佩刀。

西乡隆盛：通往西南战争的道路

赖传达了处分决定，宣布交出江户城等设施与城内装备的期限为四月十一日。德川庆喜与随从数十人离开上野大慈院前往水户，江户城最终被和平交接给官军。

　　敕使进入江户城西丸传达处分决定当天，也是西乡隆盛第一次踏足江户城的日子。当时，西乡隆盛带刀入城。身为岛津家的家臣，也就是以所谓"陪臣"的身份带刀进入江户城乃是在传统礼法之下难以想象之事，想必西乡对此极为得意。他还向大久保利通描述了当时的情况：

　　　　吾亦随同入城，因闻参谋可自玄关进入其中，故带刀直入书院。以陪臣之身作此举恐为前所未有之事，吾过后大笑不已。（四月五日信函）

　　然而，这段文字并不只是体现了西乡隆盛的天真性情，同时还反映了与他本人的人格相关的问题。对此，田中惣五郎做出了以下评价（《作为指导者的西乡南洲》）。

　　田中认为，虽说"带刀"，但西乡其实是怀抱佩刀进入江户城的。换言之，若不带刀恐有危险，然而西乡的陪臣身份又不允许他带刀，于是他便抱刀入城了。西乡在这里表现出的"谦虚人品诚应称赞"，然而"身为王臣，居参与之要职，以总参谋之身份前来交接城池，则应循王臣之礼，堂堂正正以手持刀"，何况"单以陪臣之名，本无入城资格"，因此唯有"以参谋身份方得入内"。这种不彻底的态度表现出了西乡隆盛的"陪臣性和萨藩之臣的性质"，意味着"西乡隆盛一生都难以清算"自己身上的"藩士性"。

田中的这一评价极为重要，但他如果把"藩士性"定义为封建家臣意识的话，这一说法就与实情有所不符了。后文将会详述，西乡隆盛先是执拗地推拒大总督府参谋一职，现在又抱刀进城，这一行为背后的藩臣意识其实来自他对旧主岛津齐彬的"忠诚"，而这一"忠诚"的观念，始终都潜藏在他的作风深处。

江户市内一片骚动

虽然江户城如上所述得到了和平交接，但对德川家的处分和德川家继承者人选等重要问题依旧悬而未决。闰四月二十九日，新政府宣布德川家家主继承人为田安龟之助（后改名德川家达），并赐骏府城为封地（70 万石），但此时江户市内已经陷入一片骚动。

首先是军舰问题。旧幕府海军副总裁榎本武扬等人拒绝向新政府移交手下的八艘军舰。他们提交请愿书，声称德川家领地若不确定，就无法交出军舰，与此同时，还指挥军舰退往安房的馆山。① 之后，榎本一度返回品川，交

_____

① 今千叶县馆山市馆山町。

出了三艘老化的军舰和一艘运输船，但"开阳"等状况优良的军舰依旧在榎本掌控之下，未被移交。此外，反对德川家处置办法的激进派也开始进行各种抵抗活动。彰义队在上野大慈院执当觉王院义观的鼓动下据守山内①，展开刺杀官军等恐怖主义行为，使江户市内的骚动进一步扩大。

在这种情况下，四月二十七日，新近就任军防事务局判事的大村益次郎入驻江户，主张剿灭彰义队。对此一直踌躇不决的西乡隆盛最终也决定消灭彰义队，于是新政府军以大村为总指挥，于五月十五日对彰义队盘踞的上野发起总攻，仅仅一天便将其击溃。西乡隆盛率领的萨军进攻了守备最坚固的黑门口，取得了出色的战果。

西乡的胆力，大村的战略

在歼灭彰义队一战中，西乡隆盛作为战斗指挥官的才干得到了充分发挥，江藤新平赞叹道："西乡之胆力，大村之老练战略，令吾感铭至深。"不过正如江藤所说，上野一战的总指挥是大村益次郎，而西乡隆盛只是萨摩军的指挥者。对此，井上清指出，西乡隆盛的最高军事指挥者身份已经被大村益次郎夺走（《西乡隆盛》下）。事实上，

---

① 今东京市区上野一带。

后来在会津、奥羽及越后发生的重大战事也都由大村益次郎指挥，西乡隆盛则退居后台。

　　然而，认为西乡的军事指挥者地位被夺走的说法是否合适呢？笔者认为，如果考虑西乡隆盛的心情，那么这种表述并不妥当。理由之一已经在上文提到过，西乡隆盛坚决推辞了大总督府参谋的地位，只想统领萨摩军。可以认为，这是西乡隆盛一贯坚持的态度，也体现了他的真实意向。如此一来，对西乡隆盛来说，担任全军指挥官本来就不是他的本意，而上野之役的指挥架构才是他所希望的。也就是说，西乡丝毫没有争夺最高指挥权的意图。

　　那么，西乡隆盛为何一贯坚持这样的态度呢？笔者认为，其中隐藏着解读西乡隆盛为人处世之秘密的关键。那个关键，就在于西乡隆盛与前萨摩藩主岛津齐彬的关系。可以说，西乡隆盛的荣光与悲剧，全都与之相关。戊辰战争虽然还在继续，但让我们暂且把目光投向幕末时期的萨摩。

岛津齐彬的提携

　　1827 年（文政十年），西乡隆盛出生在御小姓与出身①的家庭里。其父吉兵卫的职务是勘定方小头，是一介

---

①　萨摩藩将本藩家臣的身份分为十级，"御小姓与"为其中第九级，
　　处在当地武士社会的下层。

贫穷而多子的下级武士。西乡隆盛本人十八岁才在藩里任职，职务是俸禄四石的郡方书役助。这是一个负责农政的职位，后接的"助"其实是实习之意。十年后，岛津齐彬将西乡隆盛提拔为庭方役，还时常召他单独到室内征询意见，甚至令他执行机密事宜。岛津齐彬的提携让西乡隆盛有机会结识后来被他奉为师长的藤田东湖和挚友桥本左内，也为他创造了为国事奔走的契机。可以说，西乡隆盛活跃的舞台，全都因为他和岛津齐彬的关系而产生，至少西乡隆盛自己对此深信不疑。因此他认为自己必须回报岛津齐彬的信任，也希望自己能够如此。换言之，对岛津齐彬的忠诚与敬慕贯彻了西乡隆盛的一生，从未减退。

1858 年（安政五年）七月，岛津齐彬突然去世。西乡隆盛一度想殉死，后来在勤王派僧人月照的鼓励下重振了斗志。然而，西乡隆盛没能让月照逃过安政年间幕府的大举镇压，便于同年十一月与他一同在锦江湾投海。此时的西乡隆盛一定把自己当成了已随岛津齐彬而去的死人之身。尽管如此，他还是在投海后得以生还，并被流放至大岛长达三年。回到萨摩藩后，西乡虽然对时任藩主岛津久光心怀厌恶，但还是在他的手下为推行本藩的政治立场而奔走，却遭人谗言诬告，指控他与尊攘激进派暗通款曲，并煽动其活动。讽刺的是，炮制谗言的人正是在戊辰战争中担任新政府军东海道先锋总督参谋的海江田信义（当时名为有村俊斋）。岛津久光因此震怒，把西乡隆盛流放到德之岛，后来又流放到更偏远的冲永良部岛。西乡隆盛一心只为报答岛津齐彬，却被冠以贼臣污名，但这反倒更坚定了他对岛津齐彬的忠诚之心。

1864 年（元治元年），西乡隆盛获得赦免并奉命上京，成为幕末动乱的主角。然而在他内心深处，为国事奔走乃是岛津齐彬的遗志，自己在政坛的努力是为了报答故主的恩情，全然不是为了攫取萨摩藩主宰者的地位。他无疑还坚定地认为，得到那种地位将有损岛津齐彬的遗志，更何况虽只是蒙冤被贬，他也一度沦为贼臣，因此更不会做此想法。

吐露真情的信件

西乡隆盛曾经亲自吐露这种心声。在 1869 年（明治二年）七月八日写给在萨摩藩出任藩执政心得一职的桂久武的信函中，西乡可能是为了挽留以患病为理由请辞的桂久武，写下了这样一段自述本心的话语。虽然内容稍长，还是引用如下：

> 少弟（指西乡）己身之事已反复诉说，吾一度因谗言蒙贼臣之名，经牢狱之灾，若就此沉沦，则难报先君公（岛津齐彬）之恩，便临国家之大节，一扫贼

臣之嫌疑，吾之所愿，惟于泉下再谒先君之时，亦无须缄口难言而已。吾奉公之心只在于此，全为君臣情义之大道也。以义之一字恭行职务，岂有不体察之理。此事故不能与尊兄之内情相较，然忠义乃吾等共守之道，当时应召出仕朝廷，乃一身之荣誉，吾亦深知此举乃任性妄为。时至今日，绝不忘当年狱中为贼臣之时，待云开雾破，当退而谨慎己身，不忘先君之洪恩也。

西乡已经完成了任务，接下来希望"退而谨慎己身"，这应该就是他最为坦诚的真实心境。

江户开城后的西乡隆盛

江户开城后，西乡隆盛便不再登上历史的前台了。王政复古以后，西乡隆盛任参与一职，然后兼任海陆军务挂，后来又被任命为征讨大总督府参谋。可是在江户城移交之后，他一心致力于对德川庆喜的处置问题，其间经历了 1868 年（明治元年）闰四月《政体书》所规定的官制大改革，被解除参与职位。虽然他依旧保有参谋的地位，但在上野之战结束后的六月初，他劝萨摩藩主岛津忠义推辞出征奥羽①一事，与他一同回到了萨摩。八月，他领兵

_____

① 日本古代令制国陆奥、出羽两国的合称，相当于今日本本州东北地区。

抵达早已被新政府军平定的越后，不战而返。翌年五月，他又在被大村益次郎嘲笑为时已晚的情况下领兵来到函馆，依旧不战而返。上文提到的那封写给桂久武的书信，就是西乡隆盛从函馆返回，在吉田温泉（宫崎县）休养时所写。

1868 年（明治元年）十月末，有栖川宫炽仁亲王向朝廷奏呈了平定全国的战报，卸任大总督一职，西乡隆盛的参谋一职也被解除。成为无官之身的西乡隆盛从此定居在萨摩。

然而新政府还面临着更为困难的问题，那就是建设新的权力机构。而建立政府权力机构的过程及其特征，将会决定西乡隆盛今后的命运。不过，此时的西乡隆盛还要再过几年才会离开萨摩，再次成为政治史上的核心人物，而下一章将会探讨西乡隆盛再次登场之前新政府内部的权力纠葛。此处的主角将是大久保利通。

第二章 "有司专制"的成立

一 建立新权力机构的探索

当西乡隆盛正欲打败幕府军，迫使江户城投降的时候，京都正在发生着另一场"战斗"，那就是围绕如何建立新的政府权力机构所展开的斗争。武力讨幕派在外对幕府进行军事征服，在内则致力于建立一套可以有效阻止公议政体派卷土重来的新体制。而对于正作为日本唯一的合法政府建立对外关系的新政府来说，确立这一新体制也是有其必要性的。

首先，在发出德川庆喜讨伐令的两天后，也就是1868年（明治元年）一月九日，政府决定在总裁之下设置副总裁，由三条实美和岩仓具视担任。一度被仁和寺宫批判身份低微却多管闲事的岩仓具视，此时便获得了牢不可破的地位。十七日，政府将官制改为三职七科制（参照本书第 29 页），官僚机构渐渐成型。二十五日，政府又设总裁局顾问一职，由木户孝允和大久保利通出任（大久保利通的顾问之位于二月二日由小松带刀接替）。

这样的官制和人事变迁在机构层面上为武力讨幕派左右新政府的政策创造了条件。如此一来，武力讨幕派的主导权便得以确立。

新官僚机构的探索

然而，尽管克服了政治路线上的对立，实际问题并没有得到解决。新政府不得不马上面对一个更为困难的课题：创立全新的统治形态。

此时的维新政权充其量只是让一个由朝廷、公卿和强藩组成的联盟取代了幕府此前的统治地位，它仍以藩国体制，也就是分封制领主权的存在为前提，是以一种凌驾于领主之上的权力为名义形成的政权。掌握了权力的武力讨幕派以岩仓具视代表的身份低微的公卿，以及大久保和木户代表的下级武士阶层为中心，但在此时，诸王、公卿、诸侯、藩士等基于出身、门第与身份的差别依旧十分严格，封建等级制度并未解体。因此，国家在眼下与长期面对的问题在于无法聚集有用的人才，而出身各异的人士又将各自阶层的利益带入官僚机构，这些都是需要得到克服的挑战。

此外，对上述问题的解决容不得半点迟缓。在列强虎视眈眈之下，日本的独立自主仍受威胁，此时国家依旧面临着可能沦为殖民地的危机。此外，自幕末以来出现的救世起义在幕府倒台后势头更盛，次数和规模都在不断增大。能否完善官僚机构以有效应对内忧外患，就成了决定维新政府存亡的关键。

成为"朝臣"的征士

此处应该注意的是，一月十七日官制改革之际，新政府首次制定了征士、贡士制度。该制度将征士定义为"选拔诸藩士及都鄙有才者任参与职，隶属下议事所，为议事官。又据分课任其课之挂者，专务其事"。征士人数不定，任职期限为四年（必要时延长四年）。与之相对，贡士则是各藩主从藩士中选派到"下议事所"任职的人员，大藩可选三人，中藩可选二人，小藩可选一人。也就是说，征士是中央政府直接任命的官员，而贡士则是各藩藩主挑选出来到政府出仕，以代表本藩立场和利益的官员（由井正臣《近代官僚制的成立过程》）。对中央政府来说，真正有用的并非贡士，而是征士。这既体现在"下议事所"不仅仅由贡士组成，还包含征士，也体现在征士还可以成为行政官僚这一点上。

征士，也就是被任用为官吏的人，几乎都是幕末以来参与了尊攘讨幕运动的人物，由政府特别挑选任用。被选任的征士都要与原本所属的藩断绝关系，成为朝廷直属的"朝臣"。二月十一日的公告中就有以下内容：

> 各藩所属之征士，即日起奉命为朝臣，不可与旧藩再存关联，此旨须谨奉于心。

与藩断绝联系的难度

可是，征士们不得不在"朝臣"与"藩士"的二重性中摇摆不定。公告下达后，长州的木户孝允、广泽直臣联名提交陈情书，表达了自己奉主人（毛利敬亲）之命上京，若成为征士"滞留京城，则主人托付之事便告瓦解""臣子之情，实难骤止，唯望垂怜"，请求罢免征士身份的意愿。也就是说，他们直白地表达了心中所想：自己原本是奉藩主之命上京为国事奔走，如今国事已成，却不能归藩，而要直接成为新政府的官员，这是对藩主的不忠，非臣子所能为。就连武力讨幕派的中心人物，想法亦是如此。

原口清认为，公议政体派主导的"和平倒幕"与"武力倒幕"的本质性区别在于，前者采取了联合的方式，以包含本藩在内的封建领主权的继续存在为前提，而后者则是赌上本藩存亡的行为，若有必要，甚至有可能将本藩的封建领主权也整合到一个更高级的全国性领主权力当中（《戊辰战争》）。若将这一道理与版籍奉还相联系，固然不难接受，而在当时的官员看来，他们虽然直接参与了武力讨幕运动，但这并不意味着要否定藩的领主权，并与本藩断绝关系。

笔者认为，从近代官僚制形成的角度来看，在幕末时期藩士的行动轨迹当中，他们脱藩的经历在历史上留下了重要的影响。他们一边与藩主或藩的首脑人物对立，一边为尊攘、讨幕而奔走，最终甚至舍弃了封建家臣集团最为重视的君恩—奉公关系，以及忠诚这一最为重要的封建伦理。虽说脱离了藩的体制，这些人物最终却得以摆脱了本藩的狭隘视野，从而获得了更重要的、全国层面的广阔视野。相比之下，反倒是那些本就隶属于支持勤王派的藩，因而无须脱藩的藩士更难转型为近代官僚，其中最典型的便是长州藩。该藩将讨幕定为本藩的正式立场，藩士皆奉藩主之"命""上京"奔走——而且这一行动既已成功，对这些藩士来说，对本藩的归属意识反而作为一种值得骄傲的观念得到了强化，而不是消失。虽然在程度上存在一些差异，但这一倾向想必在萨摩藩内也有所体现。在来自这些藩的人当中，只有那些在幕末早期便脱离本藩，而且与藩的体制实现了彻底绝缘的人物，才能成为优秀的近代官僚。这种人物的典型代表就是大久保利通。

《政体书》的重要特征

三月十四日，新政府公布了《五条誓文》，紧接着在闰四月二十一日，随着《政体书》公布于世，引人注目的官制大改革正式展开。

表1　《政体书》规定的官制（七官制）

刑法官	外国官	军务官	会计官	神祇官	行政官	议政官
（司法）		（行政）				（立法）

说明：上述七官统称"太政官"。

《政体书》具有几个重要特征。第一，正如稻田正次的深入研究（《明治宪法成立史》）所示，《政体书》之名是被当作"Constitution"（宪法）的译语使用的，该文件事实上受到了美国 1787 年宪法的强烈影响。这份《政体书》的主要起草者是肥前佐贺藩士副岛种臣，他在幕末时期到佐贺藩在长崎设立的致远馆担任学监，其间从出生在荷兰的美国传教士维贝克处学习了欧美概况。另外，参与起草《五条誓文》的土佐藩士福冈孝弟也协助副岛种臣完成了《政体书》的起草工作。

> 天下权力总归太政官，则免政令二途之忧。太政官权力三分，设立法、司法、行政三权，即免偏重之忧。

笔者认为，虽然《政体书》提出三权分立等原则的史实表明维新政权在建立伊始曾以立宪制为目标，因此受到重视，但在当时的情况之下，这些原则尚不具备实际意义。首先，立法机构（议政官）地位最高的议定同时兼任行政机构的首席行政长官（辅相）。这从组织编制上，已经使立法独立成为不可能。另外，司法机构（刑法官）的长官地位较低，如此一来，行政权力在《政体书》中的优势地位显而易见。

权力向行政机构集中

行政官的辅相由三条实美与岩仓具视二人担任，可谓理所当然，然而新政府的机要人才其实更多地集中在充当立法机构的议政官之下。被任命为议政官参与的人有萨摩藩的小松带刀、大久保利通，长州藩的木户孝允、广泽真臣，土佐藩的后藤象二郎、福冈孝弟，肥前藩的副岛种臣，肥后藩的横井小楠以及越前藩的由利公正等九人。新政府想必很重视立法机构，但将人才片面集中在议政官的布置反而令议政官作为立法机构的色彩遭到了淡化。由于行政官的负责人辅相担任议政官的首席，这种组织形式意味着即便在行政事务上，政府也不得不依赖议政官（主要是任参与一职者）。

为此，九月十九日，政府又发布了这样的声明：

> 遵议事之制，议政行政本应分立，实则议政亦为行政，立法官行政官两相兼任，使议事之制难立也。然今后合天下庶众，行庶众之政，且会计之事，由议事之制而生，然推行艰难。皇国基础皆定于此事之成否也。故决定，依实情暂罢议政官，议（议定）参（参与）两职与史官并入行政官，列辅相之次，职务如旧，当行要务。且另开议事之制调查局，务必大兴此制也。

换言之，因为今后将需要一个能够积极发挥作用的立法机构，新政府眼下先开设制度调查局以展开调查，同时废除《政体书》中的议政官，将其成员并入行政官。

此外，《政体书》落实之后形成的官制虽然是一种将权力集中于太政官的体制，但福冈孝弟有言"政府本未设置名为'太政官'之最高官职，'太政官'不过七官之总称而已"，若将这一说法考虑在内，则可以认为《政体书》最终形成了一种将权力集中于辅相一身的体制。支撑这一体制的，就是担任参与的藩士阶层。对于这一点，《政体书》将官等（官员等级）分为一至九等的规定就显得颇为重要。在九等官当中，参与（也就是征士）被列为二等官，同时还被授予从四位下的位阶，获准升殿面圣。可见，藩士阶层在政府内部的地位和发言权，也从机制上得到了坚强的保障。

《政体书》中还有一则值得注意的内容，就是"官吏公选"。其规定如下：

> 诸官每四年更替，使用公选投票之法。但今后初次更替时，存其半数延二年更替，以令持续。若其人为众望所归，难去其职，则更可延续数年。

基于这一规定的官吏公选活动，将在后文论及。

大久保利通提交建言书

跨过新年，来到 1869 年（明治二年）一月，大久保利通向岩仓具视提交了关于政府体制的建言书。该建言书起草日期不明，但在《大久保利通日记》一月一日的条目下写有"政体规则草稿既成,种种论谈,定增补三大体",想必指的就是此建言书。

在建言书中,大久保论述了维新以后的政府体制中"有三大害"。第一是"体用颠倒",也就是政府忙于应付眼前的事态,尚未制定大目标,因此出现了严重的政策摇摆,朝令夕改的现象频出。第二是尚未确立录用人才的方法,这也源于上一条所阐述的现象。第三则指出了当前尚未实现"百官有司齐心"的问题。大久保指出,本来"政府以保护万民为本职,须切实宽大而不抱狐疑,处事泰然而不怀恐惧,以规模恢宏、制度整齐、内外安宁为要",故应"以屹立政府之体为要务,静察天下之大势,不拘枝叶小节,徐徐施展,以大事为先"。此外,大久保还具体提出了几项建议,比如应兴办学校教导文盲民众,以及设立出洋留学制度,以从公卿、诸侯与藩士中选拔并培养人才,等等。在这种种建议当中尤为重要的,是以下这个主张:

大久保认为,"政府在官之人""既在政府任职,则须尽其职责",从而"自任而长其才力,去私就公,乃至政绩斐然,开政府根轴之一端"。换言之,鉴于政府必须建立具备执行力与权威性的永久性体制(即官僚机构),大久保认为接下来必须以制定"人才选举之法"为当务之急。

岩仓具视的四条建议

或许是受到了大久保利通建言的启发，岩仓具视于一月二十五日提出了"建定政体、培养君德、创制议事院、不可迁都"的四条建议（以下略称《四条建议书》）。他首先这样论述：

> 以臣子本分，虽有顾忌，然当前亟须确立坚实之制度，不待明天子贤宰相出世，亦能确保国家存续。若非如此，则虽明天子贤宰相在世，千里之堤亦有溃于蚁穴之患矣。

建立稳定而强大的官僚机构应是新政府的当务之急，然而现状如何呢？

> 今日之人才登庸，虽不拘门第，只应才学而立职务，然辅相、议定、知事官等仍需亲王、诸王、公卿、诸侯方能就任，此拘泥门第之遗风尚存之故，制度仍不可谓万全。

岩仓具视指出《政体书》的制度本身存在问题，而"若令制度永存"，则必然会"陷有名无实之弊，为大政不振之基"。所以有必要"速速更改此制度，凡有才学之人，无论地位高低，皆可就任官职"。

下级官吏公选条例

其实，在岩仓具视提出建议的前一天，即一月二十四日，政府就已经颁布公告，宣布"人选为至重之要务，出处事关终身之大节，绝非容易。故诸官之官员，以众议公论选举，各任其职"（尾佐竹猛《日本宪政史大纲》上）。不过，政府似乎并非对高级官职，而是对更下级的官职进行了公开选举。这份公告的详情虽然不明，但其实际效果被认为并没有达到对"官吏公选"理念的预期。

　　若非官内推举之人，则挟隔意，亲疏差别，此等风气若行，则公选之道不立，偏颇之弊自成，万不可由之……

简而言之，就是政府内部亲疏意识盛行，并未实现适才适所。因此公告指出，要秉着"诸官府县当职之官员，奉真实，去爱憎私情，同心协力扶植皇基"的决心，实现"众议公论"，保障人才为政府所用。尾佐竹猛的研究还介绍了东京镇台进行的官吏公选的情况，这则公告或许就是基于那次经验总结而成的。

官吏公选的发展与结果

基于政体书承诺的官吏公选于 1869 年（明治二年）五月十三日、十四日在东京城（宫城）举行。由于是第一次公选，据说其执行过程极为庄严。首先，三等官以上的选举人穿着礼服在大厅集结。全员落座后，弁事（事务官）坊城俊政宣读诏书：

> 朕念治乱安危之本，在任人之得失。故今敬告列祖之灵，设公选之法，更登庸辅相、议定、参与。神灵降鉴，但期无过。汝等众人务奉此意。

然后，弁事将投票箱置于桌上，史官（记录员）落座一旁。首先进行辅相选举，投票人各自填写所选人名投入箱内。巳时半刻，亦即上午十时，天皇出席投票现场并见证开票，史官负责记录结果，结果三条实美得票最多。弁事将结果"奏闻"天皇后，天皇回到内宫，召三条到小御所代①觐见，并正式任命其为辅相。随后，天皇又下达选举议定、参与的亲笔诏令，众人随后遵诏对上述职位

---

① 小御所为江户时代京都御所中用于接见幕府使者或大名的场所，小御所代为明治初年迁都东京之后，在宫城内充当小御所之用的殿舍。

进行选举。如此一来，十三日的活动便告结束（《明治天皇纪》第二）。翌十四日，与前日一样，三等官以上的官员集结在大厅，选举产生了组成行政官之六官的知事（长官）、副知事和内廷职知事（相当于宫内大臣）人选。辅相三条确认开票结果后，公选全部结束，政府随即在十五日对议定以下的职位重新进行了任命。

此处列出选举的当选人名单。一些当选者的得票数没有得到记载，原因不明。

表 2　当选人名单及其得票数

辅相	三条实美	（重任）
议定	岩仓具视	（重任）四十八票
	德大寺实则	（重任）
	锅岛直正	（重任）二十九票
参与	东久世通禧	二十八票
	木户孝允	（重任）四十二票
	后藤象二郎	（重任）二十三票
	副岛种臣	（重任）三十一票
	板垣退助	二十一票
	大久保利通	（重任）四十九票
神祇官知事	中山忠能	十一票
同副知事	福羽美静	十九票
民部官知事	松平庆永	八票
同副知事	广泽真臣	（重任）三十九票
外国官知事	伊达宗城	（重任）二十三票
同副知事	寺岛宗则	十六票
刑法官知事	正亲町三条实爱	七票
同副知事	佐佐木高行	（重任）十一票

续表

会计官知事	万里小路博房	（重任）十四票
同副知事	大隈重信	（重任）三十六票
军务官知事	嘉彰亲王	（重任）十七票
同副知事	大村益次郎	（重任）四十三票
学校知事	山内容堂	
上局议长	大原重德	
同副议长	阿野公诚	
内廷职知事	中御门经元	三票
留守长官	鹰司辅熙	
同次官	岩下方平	
东京府知事	大木乔任	（重任）

大久保利通推动官吏公选的理由

此次官吏公选虽基于《政体书》的规定得到实施，但其直接原因是大久保利通的强烈主张。他对官吏登庸制度的现状极感忧虑，试图以这次官吏公选为突破口解决问题。大久保在四月二十六日写给岩仓的意见书中如此写道：

> 大小牧伯各抱狐疑，天下人心汹然凌乱，较之百万人齐动兵戈更为可怖。今日之平安，无非脚下烈火之未燃耳。……感威令之衰灭如此，叹息涕泣不止。在职之人，有何颜面？

大久保在意见书中表达了对现状的忧虑，批判了在职之人的无能，认为"应起一事件，令在职之人，贯彻淬砺庙堂之赤诚，合众心为手足也"。

《大久保利通文书》第三卷在这份意见书之后附有注解："五月十三日，公选任命辅相、议定、参与以下之官员，令政府之组织焕然一新，其发端即在此也。"不过根据大久保利通的日记，当年二月十六日，他已经留下了这样的文字："关于此次政体变革，当以人才选举为第一要义，摒除私见，公平用人，广举贤才。"另外，日记还记载了大久保在当天夜里与刚从戊辰战争前线归来的川村纯义和伊集院兼宽（或野津镇雄）的有关谈话。这些人全都反对选举，于是大久保利通遗憾地记下自己"大唱公平宽大之说，以挫诸士之论，犹未承伏，终不至合论，众人皆返"，所以"失望至极"。对大久保利通来说，官吏公选是他早就想要实现的夙愿。

根据《岩仓公实记》的记载，公选之举是岩仓具视"与大久保利通相谋"而行的。其理由是：倘若基于"某卿于国家有功""某氏为某大藩出身，若将其排退，则恐藩情动摇"之类的人情"滥选朝官"，会导致"贤愚淆杂，以施政机关之左右支吾，致政务凝滞之弊"，因此只能"淘汰朝堂职员，摒除以情行事之弊"。所幸《政体书》中规定了"应行公选投票之法"，便决定"先依条项，施行三职之公选"。

可是，尽管《政体书》中进行了规定，这一行动还是过于仓促。根据大久保利通的日记所述，他在五月十一日拜访了岩仓具视，"详禀公选之事"，并催促后者在阁议上提出这个议题。最后，由于辅相、议定都没有表示异议，遂决定在仅仅两天后的十三日举行官吏公选。可以说，这是一场事先基本没有预告便突然实施的选举。

最初也是最后的"官吏公选"

不知是在十二日的议定中进行过探讨，还是大久保利通刻意无视，但在选举当天，曾有人明确反对此举，甚至当场离席。此人就是山内容堂。他在退席时称："国家大臣应由天皇亲命，如今竟要互相投票，岂有此理。容堂不愿行此儿戏。"（尾佐竹猛《维新前后的立宪思想》）。

此外，《岩仓公实记》还记录了军务官副知事大村益次郎的反对意见，不过他的论点与山内不同。大村益次郎对官吏公选提出抗议，认为"行公选投票之法""若成沿袭之例，则他日将有高唱共和政治之语"，为国家的未来留下祸根。岩仓认为大村的抗议"有理"，提出"庙堂决议，此公选投票之法只此一次，将来不可续行"，并将此意见"昭告群臣"。换言之，这成了最初也是最后的官吏公选。公选时下达的"诏书"和"声明"都没有提及这个决议，或许这已经成为众人默认的结论。

总而言之，官吏公选虽然得以实现，其结果却迅速成为众矢之的。

> 五月十三日之事，四等官以上之官吏，于禁中御帘之前投票。（中略）议定仅三人（此前有十八人），参与仅限五人，其余官吏皆废，众人评论：真乃优秀之人选也。

如成岛柳北《东京珍闻》第二号的报道所述，议定一职本来要选任四人，适任者却只有三人。这个结果想必是由于议定、六官知事及内廷职知事候选人被限定为公卿、诸侯。此外，那一期《东京珍闻》还报道了"议定投票中，有选先大君殿下者二人，因事秘，其名未闻"。可见，当时可能还有人把选票投给了德川庆喜。

谁获得了支持

在官吏公选的结果当中，各藩藩士的分布情况可谓一大突出的特点。从萨摩藩选出了大久保利通、寺岛宗则、岩下方平，从长州藩选出了木户孝允、广泽真臣、大村益次郎，从土佐藩选出了后藤象二郎、板垣退助、佐佐木高行，从肥前藩则选出了副岛种臣、大隈重信、大木乔任，每藩恰好三人。其他获选者当中则只有来自津和野藩的国学家福羽美静获得了神祇官副知事这一闲职。看来，这场公选的背后存在着一定的政治目的，这一手段或许是为了让这四个藩充当推手，以实施正准备提上具体议事日程的版籍奉还政策。

从每个人的得票数来看，大久保利通和岩仓具视分别获得四十九票和四十八票，远远超过其他人；大村益次郎、木户孝允、广泽真臣和大隈重信次之。这些都是原武力讨幕派的核心人物，由此可见，虽然存在细微差别，但众人的支持还是集中在激进的改革派一方。从排除无能之人的角度来看，此次公选确实算是进步。可是，候选资格依旧存在门阀差别，岩仓所批判的制度问题依旧没有得到解决。就算不去担忧"共和制"的问题，只要门阀差别不消失，这种公选人事制度显然也不能长久持续下去。

二　通往"有司专制"的道路

后来的自由民权派对中央政府"有司专制"的批判十分著名。所谓"有司"是指官吏，"有司专制"的本义是官吏独裁。"有司专制"的说法一度被当成"藩阀政府"的同义词来使用，但笔者认为两者的概念截然不同，甚至可以说完全相反。这个论点将在下文阐明，总而言之，由大久保利通等人试图创立而西乡隆盛和自由民权派试图推翻的这个权力体制，正是所谓的"有司专制"。

版籍奉还与征士制度改革

作为中央集权化的起点，首先值得关注的便是1869年（明治二年）的版籍奉还。所谓"版"就是土地账册，"籍"则是户籍册，因此版籍奉还就是将领土与人民返还朝廷。这一政策体现了一切土地与人民皆属于天皇的王土王民思想。

下面来阐述此事的经过。早在1868年（明治元年）九月，长州藩的木户孝允与萨摩藩的大久保利通之间就在版籍奉还的方针上达成了共识，在当年年末以前，他们还得到了土佐藩的后藤象二郎与肥前藩的副岛种臣的赞同。翌年（1869）一月二十日，萨、长、土、肥四藩藩主联名提交版籍奉还的请愿书。其他许多诸侯也纷纷效仿，提交了请愿书。

对此，政府召开了在官吏公选之际新设的上局会议，让百官各抒己见，另外还给身在东京的诸侯和官员提供了表达意见的机会。在各方打点周全后，政府于六月十七日敕令准许了各藩提出的奉还请愿，另外还把并未上表的各藩包括在内，实现了全部二百七十四藩的版籍奉还（顺

带一提，这次版籍奉还过后，此前惯用的萨摩藩、长州藩
等称呼被定为鹿儿岛藩、山口藩等）。

另外，在六月二十七日，政府又发布了一份重要通
告，宣布将废止征士称号，同时在选任藩士担任中央政府
职位时停用此前在"照会诸藩后"再行任命的形式，不
再考虑藩的意向。毋庸赘言，这是为了敦促官吏从属藩独
立而采取的措施。版籍奉还之后，藩仍继续存在，只是藩
主改名为藩知事。虽然只是名目上的改动，但政府在此处
却巧妙利用了这一名目。版籍奉还之后进行的第一项官制
改革就是征士制度改革，这一行动极具象征意义。

带有复古色彩的《职员令》

接下来就是官制的大改革。根据七月八日颁布的
《职员令》，三职制度被废止，政府机构转而被分为神祇
官和太政官。《政体书》规定的官制中，太政官只是行政
七官的总称，但《职员令》中的太政官则是由高级官僚
组成，拥有实体的中枢机构。上文已经提到《政体书》
以美国宪法为范本，而《职员令》则表现出了模仿古代
律令制的强烈复古色彩。左右大臣、大纳言、参议等官职
名以及大藏、民部、兵部等各省名称皆沿用了律令官制中
的名称。

尤为引人注目的是将神祇官置于太政官之上的安排。一

直以来，这一设置都被理解为一种基于祭政一致精神①的改革措施，但笔者却希望关注另一个方面。岩仓具视曾这样说：

> 职官之名当依《大宝令》②，斟酌古今而设之。（中略）今日人心有轻新重旧之风，故于施政之上无害者，仍可令从旧习。（《四条建议书》，明治二年一月二十五日）

这段话表现出了与岩仓具视本人的性格一致的冷静见识。尽管岩仓并未多作说明，但我们可以认为，《职员令》中的复古因素承载着如下这般预期：通过把作为天皇传统权威之本质的"神祇"推到台前，就能为维新变革与维新政府提供正当性依据，并据此将难以团结一致的士族阶层在精神上凝聚起来，从而更为直接地实现对官僚集团的集中统合。对岩仓具视等人来说，令权力向太政官集中才是隐藏在《职员令》背后的真实目的。

---

① 明治初期新政府采取的方针之一，旨在确立神道信仰作为有组织国家宗教的地位，通过天皇亲自参与祭祀活动以及设立专门的神道管理、宣传等机构积极排斥西方基督教影响与民间对佛教、儒学等最初源自他国的思想的崇拜，后因在现实中难以推行以及西方国家的抗议而作废。这一时期的神道国教化运动在日后构成了战前日本所谓"国家神道"的先驱。

② 日本古代第一份体例完备的中式律令法典，据记载颁布于文武天皇大宝元年（701）。

政府内部的严重对立

《职员令》颁布前后，政府核心人物之间曾产生严重的对立。当时担任刑法官副知事的佐佐木高行（高知藩出身）在日记《保古飞吕比》中生动记述了当时的情况。

> 长（长州）以木户（孝允）为首，自维新之后屡有不平，动辄称萨（萨摩）狡猾。且伊藤（博文）、井上（馨）及大隈（重信）等人频论西洋主义，凡事皆主张西洋主义，推立木户，大隈则如木户之书记，曲意逢迎。木户亦颇信赖大隈，又因三条（实美）公为长官，往来之故颇深，长以条公（指三条）为己物，吾藩（高知藩）则有后藤（象二郎）、板垣（退助）立于木户一方，厌恶萨方，尤忌大久保，木户又与老公（山内容堂）往来甚密，出入频仍，与大久保则皆无。

后文还提到了"萨依岩公（指岩仓具视），副岛（种臣）依萨之态"。根据佐佐木高行的说法，"西洋主义"（激进西化）派由木户、伊藤、井上等人的长州集团和佐贺的大隈组成，另外，出于"八月十八日之政变"（"七卿落难")① 之后的往来，三条实美也对这一派抱有亲近感，山内容堂、后藤象二郎、板垣退助等人亦站长州一方，与之相对，萨摩则依托岩仓具视，佐贺的副岛种臣也属于萨摩一派。

然而，很难断定佐佐木高行的观察是否可信。比如，按照他的说法，大久保利通其实属于少数派，然而就在两个月前的官吏公选上，大久保利通还和岩仓具视一样，赢得了极多的选票。关于具体情况虽然存有一些疑问，但可以确定的是，当时政府内部存在着复杂而深刻的对立关系。在下级官吏之间，想必也存在着同样的问题。

值得关注的人事配置方案

机构改革能否取得成果，实际取决于人事政策是否成功。尤其是在面对克服政府内部对立这个问题时，人事就成了重中之重。

以出身论，在神祇官、太政官及六省长官、次官这一层级中，有皇族一人、公卿八人、藩主一人、藩士七人（鹿儿岛一人、山口三人、高知一人、佐贺二人），藩主当中只有松平庆永出任民部卿，可见新官制排除诸侯的效

---

① 即前文所述文久三年（1863）朝廷中支持攘夷激进派的公卿在萨摩、会津等势力运作下失势的事件，三条实美当时作为落难"七卿"之一被免去官职，投奔了木户孝允所在的长州。

果极为显著。然而更值得注意的细节，首先在于除寺岛以外，鹿儿岛藩士全部从要职上退下；其次是大久保利通、木户孝允、板垣退助这些实力派人物全都被安排到待诏院学士这个"闲职"上。在思考提出人事方案的大久保利通的目的时，这两个细节具有大体相同的意义。然而在考虑这件事之前，我们先来看一看木户孝允的动向。此人对大久保利通的构思发起了坚决的抵抗。

木户孝允从一开始就反对整个官制改革。六月二十三日，三条实美对木户孝允等人透露了《职员令》与《官位对应表》（将与《职员令》一同发布）的方案，并向他们咨询意见。木户的反应是"与庙议意见相左，故时常热论"（《松菊木户公传》）。木户反对这一方案的论据不明，这或许是因为他的"西洋主义"与复古的官制无法相容。

木户孝允反对人事安排

木户孝允的想法姑且不论，官制改革方案在这之后又经过讨论与修订，到七月三日，木户孝允听取了具体的人事安排，但对这个安排，他不甚喜欢。尤其是任用前原一诚为参议一项，更是激怒了木户孝允。前原和他同属长州出身，但木户孝允与山县有朋等人互相怨恨，关系极差。木户孝允斥责前原为"爱憎偏颇"之人，认为将此人置于天下之枢路，则了无助益。

表3 1869 年（明治二年）七月八日的官制改革

官职		姓名	官位	出身
神祇官	伯	中山忠能	从一位	公卿
	大副	白川资训	正三位	公卿
太政官	右大臣	三条实美	从一位	公卿
	大纳言	岩仓具视	正二位	公卿
		德大寺实则	正二位	公卿
	参议	副岛种臣	从四位	佐贺藩士
		前原一诚	从四位	山口藩士
民部省	卿	松平庆永	从二位	福井藩主
	大辅	广泽真臣	从四位	山口藩士
大藏省	卿	（空缺）		
	大辅	大隈重信	从四位	佐贺藩士
兵部省	卿	嘉彰亲王		皇族
	大辅	大村益次郎	从四位	山口藩士
刑部省	卿	正亲町三条实爱	正二位	公卿
	大辅	佐佐木高行	从四位	高知藩士
宫内省	卿	万里小路博房	从三位	公卿
外务省	卿	泽宣嘉	从四位	公卿
	大辅	寺岛宗则	从四位	鹿儿岛藩士
待诏院	学士	大久保利通	从四位	鹿儿岛藩士
		木户孝允	从四位	山口藩士
		板垣退助	从四位	高知藩士

人事任命方案由大久保利通制订，岩仓具视、三条实美审核。七月一日清晨，大久保利通"极为保密"地向岩仓具视提交了方案，岩仓具视则将其转给了三条实美。

他叮嘱三条实美说此文件仅限他二人知晓，又给大久保利通去信称："此次人选之事，明朝与辅公（三条实美）裁决。广询问则事不成，此事切不可外宣。"试图秘密推进此事。然而出人意料的是，三条实美在同日的评议席上竟对大久保利通明言，后者交给岩仓的材料已经传递到自己手上了。大久保利通"甚为困惑"，但认为当场无人知晓他们谈的是什么，便随便搪塞过去了。将这一场面勉强应付过去之后，大久保立刻向岩仓具视去信说明此事，称让众人议论人事只会导致事态混乱，希望辅相三条实美与岩仓具视两人做出最终决定，并在明日之内得出结果，还不厌其烦地"一拜再拜"。

审核结果可能在七月二日如期产生了。随后，木户孝允不知通过公开渠道还是私下知会，在七月三日就知道了这一结果。然而他的反对并没有起作用，就这样一直到了七月八日。

这天，木户孝允与大久保利通一同到小御所代接受召见，两人各受赐太刀一柄，并拜领了对"积年鞅掌国事"的两人"犒劳功绩，免去此次之劳职，改任散官"的敕旨。随后敕旨又对板垣退助传达了犒劳之意，将上述三人任命为待诏院学士。

木户孝允在这个场合下也耍起了脾气。他说"以余之不学而封学士"，接受这等名誉称号"真愧对天下也"

（《松菊木户公传》），还对大久保利通去信称"文盲如我，纵有铁面皮，又何以学士之名目，安然面对天下耶""不日欲将此心所愿上奏朝廷，甘奉此次恩命之幸，归耕田野矣"，如此刻意流露出辞官的意愿，并询问大久保利通的想法。

大久保利通的快速应对

此时的大久保利通正疲于应对各项事宜。首先，或许是因为听闻了木户孝允的反对声音，被任命为参议的前原一诚以患病为由没有履职。七月九日，大久保利通以他和前原一诚"未曾谋面"为由，向被任命为弹正大忠的吉井幸辅去信，请后者代为劝说。

随后，大隈重信也辞退了大藏大辅的任命。大隈此前一直担任会计官副知事，因此安排他担任大藏大辅本属理所当然，但不知是不是因为此时的他正忙于处理频频引起外国抱怨的伪币劣币问题，并因英国等国的强硬态度而进退两难，大隈回复称"前途目的难以两全""不以（关乎皇国浮沉之）大事为目的，则绝难接受"（大久保利通致岩仓具视信函，明治二年七月十日），表明了请辞的意愿。

九日夜间，大久保利通与大隈面谈良久，好不容易说服他"再次深思熟虑，今夜或明朝将心意告知小臣"（致岩仓具视信函，七月十日）。后来大隈改变主意，吉井幸辅也勉强挽留了前原一诚，大久保利通的工作俱告成功。

接下来，就只剩下木户孝允的问题了。

对此，大久保利通的处理极为果断。他在汇报大隈一事的信中对岩仓具视写道：

> 庙堂之上，不可有寸步之动摇，今政体甫定，若加变动，恐成天下之笑柄，此自不需明言也。凡事若不立信义则不可期，应立稳姿态，虽议论纷纭，犹自岿然不动，故诚请坚守。为防万一，亦请您与右大臣大人（三条）仔细商谈，再拜叩首。

首先，大久保利通叮嘱岩仓具视，就算有人对人事任命议论纷纷，也不能轻易做出变更。人事安排一旦决定，就不容动摇。那么，待诏学士的任命是否收回呢？

> 待诏学士之名目，与大体无关，恐应改动。若要改动，则应速速行事，务请今日之内议决。此条请与副岛参议相商。

同日，岩仓具视这样回复大久保利通：

> 待诏学士之事今朝议决，下传三士。全然错判也。

从岩仓具视向大久保利通阐明"全然错判"一事来看，大久保利通虽然深入参与了人事安排，但在待诏院设"学士"这一地位（官职），并命大久保等三人担任一事，应该是三条实美和岩仓具视决定的。然而，这一决定后来也根据大久保的提议得到了处理。岩仓具视接到信函后，马上在十日上午的朝议中做出了免去大久保利通、木户孝允、板垣退助三人待诏院学士一职的决定，并在当天通知了大久保利通。木户孝允那边则由大纳言德大寺实则通知。

十一日的朝议上，待诏院的**学士**制度也被废除了。大久保、木户、板垣三人重新被任命为待诏院**出仕**，并重新被召至御前，接受这项任命，但木户孝允称病"不参"。而在十一日当天，大久保利通向木户孝允去信称：我"姑且接受任命"。这可谓是电光火石一般的迅速应对。

大久保利通的真实意图何在

大久保利通原本应该很重视待诏院的职位。他在一月一日写给岩仓具视的建言书中提出，因为待诏局尚未设置，导致"人才选举之法"难以成立，又指出"皇国尚未有以学校育人才之道路，务必设置待诏局之类"，以从议定、参与或弁事中"任命专人"，而当"人选有误之时，若无责归之所则必乱，乱则引党求类，故应以设专局以广招天下之贤为要务"。对政府来说，待诏院是登庸人才不可或缺的机构，所以有必要在其中安排有能力的专员来主持事务。大久保一向为如何替政府招揽具备全国性眼光的能吏大伤脑筋，在他看来，设置一个"虽草莽贵贱之辈，亦能为国家建言"（《明治天皇纪》第二卷）的机构意义重大。因此，待诏院的职位对大久保利通来说，并不是什么"闲职"。

然而，木户孝允却拘泥于"学士"这个称呼，不愿接受这一职位。于是大久保立刻提议废除"学士"一职，以消除木户孝允抗议的理由，并进一步做出迅速应对，以"出仕"的名义将木户孝允和板垣退助拉上船，先让他们就任了待诏院的职位。不过，如果只是因为待诏院很重要，这一应对速度便快得有些不自然，大久保的动作背后想必还存在别的理由。

为何将木户孝允排除在外

或许正如人们一直以来所指出的那样，大久保的决定还有一个隐藏的目的，就是想把木户孝允和板垣退助转移到无法直接参与政策制定和行政决策的部门，抹消他们的发言权，以使政府内部实现政策方针统一。大久保利通可以通过岩仓具视影响三条实美，因此无论担任何种官职，都能在事实上左右政府的动向。然而，木户孝允和板垣退助却无法做到这一点。因此，木户孝允提出反对也是理所当然的。

那么，大久保利通为何坚持要将木户孝允和板垣退助，尤其是要将木户拉下来呢？大久保利通如此这般的意图与行动，其原因不应被理解为基于藩阀之见的利害关系。一个居于国家政局核心的机要人物必须脱离藩阀的利害关系，但只要木户孝允这个大人物身居要职，长州势力就会聚集在他身边，形成长州派系。大久保利通的想法应该是，只要去除了这个核心，那么每一个在新政府任职的人就都能够成为独立而有能力的官员。如果从这个角度来看，大久保此时乃至以后的动向就都不难理解了。

大久保利通、广泽真臣成为参议

前原出任参议，大隈出任大藏大辅之事已定，待诏院学士一事也有了一定结果，人事任命引发的事端看似都得到了解决。但问题并未到此为止，由于大久保利通和木户孝允等重要人物没有获得要职，越来越多的人对此产生了疑惑。

七月十七日，三条实美亲自访问木户孝允宅邸，向他传达了"世人多有疑惑，种种传闻骤起，形势极不稳定"的情况（《松菊木户公传》下）。当天夜里，他又造访了大久保利通的住处。三条此举是为了说服大久保利通和木户孝允一同出任参议。翌日，岩仓具视给三条实美去信称，"志忠者反成不忠之人，倡和者反成不和之基""世论纷纷，诸官解体之态始现"，为了解决这一现状，应"暂交天子裁决""重启评议，再以两氏为参议，方能应人情世态也"，表现出了动摇的态度。这里就体现出了岩仓具视与大久保利通作为政治家的差别。

受到三条实美劝说后，大久保利通"困惑至极"："毕竟先日复古论已定，如今我与木（木户孝允）同出，则一如从前之政府，何益之有？甚不得其意矣。"（致吉井幸辅信函，七月十八日）大久保利通在写给吉井幸辅的信函中提到，他对三条实美只做出了"请容我三思之后再行答复"的回答，并请他与板垣退助、副岛种臣充分商议此事。此外他还提出"望厚解小生之情，绝无私论""万望体察小生一定之心事"。

在这样的动向中，大久保利通亲自就任参议已成必然。然而，一旦大久保利通成为参议，长州必然表态反对。他为了避免萨长对立的事态，决定与民部大辅广泽真臣共同出任参议。如此一来，大久保利通便于七月二十二日出任参议，广泽真臣则在翌日出任该职。

大久保利通意见书被采纳的经过

在就任参议的第二天，也就是七月二十三日，大久保利通便如早有准备一般，向三条实美和岩仓具视提交了意见书。其内容由三点组成，第一是"定立大目的"，也就是必须搁置琐碎的得失，只考虑国家的利害，建立"庙谟大决确立不羁之体裁"。

> 从前政府目的暧昧、不知方针所在，行事拘泥于细小规则，不宽不严，抱疑团而下手，其体全不能立，惟愿尔后能以扎实宽大之本，泰然而无恐惧，快然而不狐疑，将全国容我方寸之内，令英豪如手足，不论既往，不择亲疏，任贤为贤，任能为能，一贯公平正大之宗旨，不可有寸毫动摇也。

然后，他又提到"政出一本"，认为担任要职者不应推脱责任，而要团结一心，处理政务。

> 庙谟如已定于前条，则要路在职之人须各去私见，奉此一意。庙议所定之事，一俟施行，纵异议四起，天下言非，亦须毅然不顾。切不可将表里轻薄之事推于他人，去此弊端，勠力同心，任罪于己为至要也。

最后，他又提到"机务须密"，如果如现状一般纵容机要之事泄露，乃至左右朝议，便很难"示朝堂之重，推行规则"，所以他建议"除政府要职之外，严禁谈论公事"。最后，他写道："若不以此三条决定政府大体之本，则今日奉务之目的不能立。"

大久保利通强烈建议岩仓具视在朝议中对此三条意见做出决定，却遭遇了意料之外的困难。这是因为此前人事任命问题引起的骚动令岩仓具视产生了动摇。岩仓表示"尤以小生取萨论而逾越条公之说纷纭"（致大久保信函，七月二十九日），虽然在原则上对意见书的内容表示赞成，却一直顾左右而言他，没有给出明确答复。不过在八月三日，广泽真臣、副岛种臣两参议拜访大久保利通宅邸，使事情出现了转机。在"畅抒胸怀"之后，广泽、副岛与大久保彼此间"意外赞同，无事异常"，确定了"三人合理同心奉务之念"。翌日，大久保利通将此事告知岩仓具视，岩仓具视得知广泽真臣同意此事后，写信回复道："始安心，万万恐悦欣然也。"原来岩仓具视一直担心木户孝允的遭遇会令长州一派（山口藩士）震怒，因此对他来说，广泽真臣的同意无异于一剂强心针。

事情至此终于变得顺利起来。从大久保处得知消息的当天，岩仓具视就强忍感冒和头痛带病参朝，经朝议决定采纳了大久保利通提出的三条意见。八月十日，在天皇亲自见证之下，大臣（三条实美）、纳言（德大寺实则、岩仓具视)、参议(大久保利通、广泽真臣、副岛种臣)等六人在基于此决定的《盟约书》和《四条誓约书》上签字,立下了盟约。十四日,新近就任大纳言的锅岛直正也加入署名。《盟约书》的内容直接参考了大久保利通三条建议的第一条"定立大目的",并没有另外添加内容,而最让人感兴趣的则是《四条誓约书》。

拥有重要意义的《盟约书》

《四条誓约书》第一条是关于禁止泄露机密的内容。这条对应了大久保利通意见书中的"机事须密",内容却更加具体。这条誓约宣布,此前,政府一向"以公平为旨,万基施行,不分内外",但"反致内情轻易流传,自然在朝议未发前泄露,引起世人议论",造成关乎"朝权之轻重"的重大问题。今后,政府人员须"各自起誓,机密之事自不必论,虽经御断将要发表之事,于未发之前不仅不可透露于同列、家人,纵使父子之间,亦绝不可泄露也"。这里提到的"同列"若是指士族,则可以认为是同藩出身的伙伴,而作为"家人"受到关照者的身份也大致如此,我们可以认为,这一点主要是为了防止机密因藩国出身的关系被政府人员泄露出去。

第二条是关于国家决策流程的规定,其内容是:"万基须经御断方可施行,而大事件以公论决议之誓文为基,三职熟议，向诸省卿、辅弼官或待诏院、集议院咨问相关事由之后，上奏求请御断。"根据这一规定，三职的熟议成了决定国策的最重要程序，在这之后应根据问题的具体内容向对应的诸省卿及其下属机构进行咨问，最后提请天皇御断。有趣的是，三职熟议本身还被解释为与《五条誓文》中"公议世论"的原则相符。

第三条明确了共同责任的概念。三职须"摒除忌惮，吐露心腹，反复讨论"决定后，纵然"议论四起，天下之人皆以为非，亦不可推难于他人，为避事轻薄之丑态"，也"务必同心勠力，承其责任，为专要之事也"。毋庸赘言，这是一则避免意见分裂的基本约定，正与之前的条目对应。

尤为引人注目的是第四条。

> 三职之辈，每月三四度或五六度，于各自宅邸往来集会，通情结亲，心意相交，了无隔阂，以图奉公之便。

内容即如字面意思所示，要求三职每周在各自家中集会一到两次，分食共饮，联络感情。那么，为何要在誓约中特意约定这样的内容呢？

自古便有"同釜而食"一说，尽管政府官员出身门第各不相同，但这条誓约的目的就是要突破出身和门第的束缚，在政府要员间创造并维持一种共同进行决策、共同承担责任的新型关系。制定誓约的人想必认为，只有通过不断积累共饮共食的私人关系，才有可能实现这个目标。当然，若能实现这一目标，机密泄露的风险必然也会减小。如此一来，这第四条约定，就成了实现前三条约定的保障。

通过在三职之间维持职务关系以外的私人关系来保障任职者履行职责，换言之也就是用私交来保障公权力的运行。自王政复古政变以来一直陷于难产的统治机构设计问题，至此终于抵达了一个阶段性的里程碑。

私人关系保障下的体制

如前所述，在鸟羽、伏见之战及随之而来的戊辰战争中，武力讨幕派从朝廷驱逐了公议政体派的势力，掌握了霸权。然而，讨幕派所主张并推动的政治变革在理论基础上还很脆弱，只能通过诉诸传统权威加以弥补，于是新政府在当时只能采用一种具有复古色彩的官僚体制。与此同时，维新政权并非建立于一个完全摒弃了封建领主制的基础之上，而是在有意废除这一制度的同时，却又以领主制森严而稳固的存在为前提，因此不可避免地要将政治能力低下的领主阶层和公卿阶层出身者任命为中央官员，而家臣阶层也必然在担任中央政府官僚的同时继续保有强烈的本藩归属意识。大久保利通、岩仓具视等人主导的官吏公选等一系列官制改革运动虽然促进了官僚阶层的内部淘汰，但要彻底克服藩阀利害思想，却并非容易之事。

与此同时，将维新政府的正当性来源归于各藩之"公论"的政治名义依旧具有一定的作用。1868 年（明治元年）十二月，根据"万机决于公论"的誓文，政府设置了由各藩代表组成的"公议所"，该机构在 1869 年七月的官制改革中被更名为"集议院"，其功能是充当政府的咨询机构。虽说是咨询机构，但由于作为藩的代表列席的议员不断提出反对政府方针的请愿，使得这个机构事实上成了"集结诸藩不满意见的场所"（宫地正人《幕末维新期的国家与外交》）。在政府官僚并未完全摆脱本藩立场实现独立自主之时，这也构成了一个极为严重的问题。

三职盟约的目的并不在于克服遍及整个官僚阶层的这种倾向，而是旨在于官僚机构内部形成一个垄断国家最重要职能的专制统治集团，以制定并执行国家决策并管理政府人事。这个统治集团"不拘区区小节"，也就是必须舍弃藩阀或门派等狭隘观念，拥有"断然坚固之心志，绝不狐疑狼顾，容全国于方寸之中，总揽天下英豪"的力量。而且，这一力量要通过共饮共食这一私人关系的维持得到支撑。

这个以大久保利通和岩仓具视为核心的统治集团首先通过三职等最高级官员的相互誓约（对三职以外则为密约）的形式实现了上述构想，但最重要的是，维持这一力量的关键完全在于高官间的私交关系，这使得该统治集团即便在后来经历了官制和官职的变迁，依旧能够在人员组成上保持充分的韧性，成为一个能够自主维持并迭代更新的组织。

至此，被后来的自由民权派批判为"有司专制"并大加非难的专制统治集团便宣告成立。关于"有司专制"体制的成立时期，一般以 1873 年（明治六年）"征韩论争破裂"后大久保利通创建内务省并亲自出任内务卿，也就是所谓大久保体制成立的时间为起点，但实情却并非如此。关于这一点，将在下文再次论及。此处要先就"有司专制"进行以下论述。

"有司专制"中的天皇

让我们首先来探讨"有司专制"与天皇的关系。如上文《四条誓约书》第二条所示，国家决策的制定和施行必须经过天皇御断，单从这一点来看，相当于形成了天皇亲政的体制。然而，这个体制的形成本身与天皇的意愿在决策过程中是否占据重要地位，是完全不同的两个问题。

西乡隆盛：通往西南战争的道路

大久保利通在上文关于政府体制的建言书（本书第57页）中，写下了以下内容：

> 若无良明则难保一身，若无良辅则难尽君道，吾虽惶恐，然主上未至壮年，如今乃修成德器之重要时节，当以任命精选之辅导者为要务。

岩仓具视在接到这则建言后，首先表示"以臣子本分，虽有顾忌，然当前亟须确立坚实之制度，不待明天子贤宰相出世，亦能确保国家存续"，即当务之急是要构筑一个不需"明天子贤宰相"登场，也能够支撑国家运转的强有力的官僚机构。接着，岩仓又出于以下意图，进一步强调了培养君德的必要性。

> 侍君侧之人，若不精选其才，纵使天资聪明，或令圣德难期也。万一有此疏漏，则为臣子者大罪难逃。是故，于公卿诸侯征士之中，严选为人笃实严谨之人，或器量见识高远之人，或和、汉、洋学问渊博之人，或为侍臣，或为侍读，勤以培养君德。才智敏锐之人，反非其任也。（《四条建议书》）

这是极为直白的表达。岩仓认为，天皇应当具备的是作为伦理价值之体现者的道德修养，至于具备对政治问题之判断力的所谓"明天子"反而不是最可取的形象。这一点在岩仓具视于十年后也就是 1879 年（明治十二年）六月提出的《上奏》中亦得到了阐明。

> 陛下践祚之初，年尚幼冲，臣等以不肖之身，拮据精进，妄膺摄行大政之任。今圣德凤成，天下仰望所归，臣等正当退避，与僚列共任辅翼之责也。

岩仓坦言，之前因天皇年幼，一直由包括自己在内的列位臣子来操持政务（顺带一提，岩仓具视的这封上奏还反映了政府内外对这种状态的批判）。

然而在形式上，天皇的裁决是绝对的，既然政府以这一形式作为自身正当性的依据，就必须要满足以下条件。首先，要以拥有向天皇上奏之权力的人士在政府中充任要员；其次，要保证天皇对政府方面的上奏内容既不会表示拒绝，也不会要求对其做出显著修正。天皇是赋予有司专制正当性及权威的存在，而政府也只希望天皇履行这一职责。

正是基于这种关系，有司专制这个存在于政府权力体制之内的权力机构才能运作起来。有司专制通过掌握天皇上奏权而取得的强势地位，将在引起了重大政治变化的征韩论争中充分发挥作用，这点将在第三章进行论述。

如此一来，"有司专制"的原型便告成立。明治政府在短短两年时间里为确立自身的权力机构展开了激烈的明争暗斗，这一过程至此总算找到了方向。然而，要想断然实行推翻封建割据体制的废藩置县政策，还须等待西乡隆盛出马。"有司专制"政府为了把西乡隆盛纳入自己的体制当中，将要不断做出努力。

那么，在这段时间里，西乡隆盛情况如何？且让我们把目光转向鹿儿岛。

三　西乡隆盛再度登场

自 1868 年（明治元年）秋天以来，西乡隆盛就再也没有参与中央政府和萨摩（鹿儿岛）藩的事务，过上了悠然自得的生活。1869 年（明治二年）一月，他还拒绝了政府请他上京出仕的要求。但在同年二月，萨摩藩主岛津忠义在温泉疗养地亲自拜访西乡隆盛，请他参与藩政。这回，他实在无法一口回绝。如此一来，在于 1871 年（明治四年）回归中央政府之前，西乡隆盛先后在萨摩藩担任参政、顾问与大参事等职，参与到藩政改革当中。

以下级士族为中心的改革

西乡隆盛的藩政改革要点为：（一）将岛津族人与功臣的私人领地全部上交藩厅，重新任命地头进行管辖；（二）将旧门阀的世禄减为原来的八分之一，普通城下士、外城士（虽然都被称为士族，但城下士被称为鹿儿岛士族，外城士则被称为某方士族或直接以所在乡名相称，两者间仍存在诸如此类的差别待遇）的世禄增加两成，剩余钱财则用于维持常备部队；（三）将所有士族编入常备部队，并创建兵器等军备物资由藩内供给的体制。由此可见，这是一场以下级士族为中心的改革。

正如众多学者所指出的那样，这场改革维持了萨摩藩（鹿儿岛藩）特有的地方知行制度，即让士族直接从门下农民手中收取年贡和各种税金，虽然号称"打破门阀"，但乡士、轻卒①的地位却丝毫没有得到改善，而为了支撑庞大的常备部队，反倒使一般民众承受了更为严苛的统治和沉重的税负，与版籍奉还以后各藩实行的改革存在显著不同。井上清将这种体制描述为"下级士族独裁的西乡王国"（《西乡隆盛》下）。此外，井上清还从这场藩政改

① 轻装步卒之意，与乡士一样介于农民和武士之间，位于武士社会的边缘。

革中解读出了西乡隆盛国家构想的原型，但笔者认为这一说法并不合理。藩主岛津忠义对西乡隆盛的要求，是让他设法解决自戊辰战争得胜而归的下级士族阶层举止旁若无人、行为跳梁跋扈的问题，上文提到的改革显然只是应对问题的临时措施而已。或许，西乡隆盛当时未能开创一种将对下级士族问题的解决办法包含在内的根本性的改革构想，也有可能尚未形成一支能够孕育这种构想的团队。换言之，这场改革只体现出了他作为行政官或政治家的无能而已。很难想象这场改革的背后体现了一种波及藩政所有方面的改革构想，也就是说，它并不是一个旨在根据一以贯之的逻辑改变政治、制度机构，以及经济、文化乃至民众生活，并将奄美大岛和琉球等萨摩属地涵盖在内的改革图景。

据此可以认为，西乡隆盛展开这场改革的目的并不是为了与中央政府进行对抗。西乡隆盛开始对中央政府产生批判意识的时间，有可能是在 1869 年（明治二年）年末。

对中央政府的批判

在十二月二十九日写给桂四郎（久武）的信中，西乡隆盛写道："余由衷认为，交予东京之军队……令官吏纵欲骄奢。"在此前的二十七日，他又在另一封给桂四郎的信中写道:"五代才助只重利益,以利谋事,何以成功耶?"五代才助(友厚)出身鹿儿岛藩,后来成了知名的政商、实业家。他在维新后担任参与,凭借幕末时期的留洋经验和广博的知识,被任命为外国事务系(后为外国事务局判事),为解决神户事件①和堺事件贡献了力量,但因为在大阪从事贸易事务等缘由而辞官,并参与建立了大阪造币寮(后改为造币局)。西乡隆盛对五代才助的批判背后,应该有着将士族参与商业经济活动看作道德败坏的心理,那么,它是否也体现了西乡隆盛对催生了这种人物的政府的批判呢。

日后,这种批判情绪很可能在西乡隆盛的心中渐渐膨胀了起来。而在此同时,又发生了一起让他无比同情的事件。

横山正太郎死谏事件

1870 年(明治三年)七月二十七日,横山正太郎(安武)为进谏而自杀。他是森有礼的亲兄长,被萨摩藩

---

① 指 1868 年(庆应四年)初备前藩(今冈山县)士兵在神户与横穿行军队列的法国水兵发生冲突,乃至爆发枪战的事件,此事后来以涉事之日方队长泷善三郎切腹自尽为结果得到平息。在此之后不久,土佐藩兵在堺(今大阪府堺市)也与法国水兵发生冲突,酿成外交事件,最终有 11 名土佐藩士切腹,人数与事件发生时法方死者数相同。

的藩儒横山家收为养子，虽曾获得岛津久光的信任，但在跟随出藩游学的藩主公子前往佐贺、山口时，在山口遭遇了奇兵队等长州诸队的脱队骚动，于是为报告此事只身返回，没想到因此触怒了岛津久光，被迫下野。后来他来到京都，跟随同乡折田要藏学习阳明学，并于同年六月来到东京，提出针砭时弊的十条请愿，起草征韩反对论，随后在集议院门前切腹自尽。

在献上谏言时，横山正太郎将请愿书制作成了"附竹叶"的形式。这是一种将竹竿上的枝叶削落，并破开其尖端，将请愿文书夹在其中进行直谏的形式。想必他的意图是对天皇直谏。请愿书的十条内容如下：

一、辅相大臣侈靡骄奢，上暗诱朝廷，下不察饥饿。

二、大小官员虚饰于外，而逐名利于内。

三、朝令夕替，使万民狐疑，不明方向。

四、各驿站皆增加人马之赁钱，税金达五分之一。

五、不尊直而只尊能，用人不论廉耻。

六、不为官求人，而因人求官。于政府各局勤其职者，如佣工之于其主。

七、重酒食之交际，轻义理之往来。

八、疏妄与外国人之定约，常令舆论沸腾。

九、官员黜陟之大典未立，以爱憎论赏罚。故廉直如春日某者，反因私恨而陷冤罪。（此处的春日某或指春日潜庵。他研习阳明学，在幕末曾作为尊攘派人士活动，明治元年五月被任命为奈良县知事，后因惹事上身，于七月辞官。）

十、上下逐利、国家将危之际，在朝君子恣意妄为。

横山正太郎提出的十条中，除第四条以外，都对在官有司之人的操守和态度进行了批判。第三条和第五条乃是大久保利通和岩仓具视等人在政府内部也希望克服的问题，然而在政府已经得出保障"有司专制"的关键在于政府要员共饮共食这一结论时，出现了"重酒食之交，轻义理之往来"的批判，就颇为引人注目。另外，第一条谏言"上暗诱朝廷，下不察饥饿"虽然在原则上与下文将要提到的对"有司专制"更具体的批判有所关联，但横山正太郎此刻的请愿还只是针对政府官僚机构的道德问题给出了笼统的批评而已。

其实，大久保利通自身也对横山正太郎的行为表达了"感其忠志"的感想。但可能因为横山的批评对象还很笼统，大久保利通并未将其理解为针对自身的批判。反倒是其中的一些内容指出了大久保利通甚为重视的"冗官"

问题，可能令他产生了共鸣。

在这之后，请愿书还提到了政府内部逐渐兴起的征韩之论。虽然横山将征韩视为"因慨叹皇国萎靡不振"而生出的议论，但他也批评称起兵须"有名有义，岂可不慎"，日本当前最要紧的问题是"张维新之德化"，只要普及了"德化"，就不会受到朝鲜的无礼对待，因此主张现在并非"问罪朝鲜"的时候。此时，在政府内部推进征韩论的急先锋是木户孝允。

西乡隆盛对横山正太郎的死谏深感同情与共鸣，于1872 年（明治五年）八月为横山安武（正太郎）题写碑文，称赞了他的行动。确实，正是从横山正太郎死谏前后开始，西乡隆盛自己也开始表达对政府的不满与批评。

西乡隆盛的言行录《南洲翁遗训》

在西乡指导藩政时，各地有许多人陆续造访了鹿儿岛。正如西乡自己所书，"近来各地君侯、外国人等，宾客往来，甚为热闹。然其名徒高，其实则令人汗颜"（致大久保利通信函，明治三年五月七日）。萨摩藩作为维新变革的一大样板，引来各怀思绪的使者争相造访。

庄内藩出身的犬塚胜弥曾在八月三日进入鹿儿岛视察城区，再与西乡隆盛为首的近四十名藩中主要人物会面，随后在九月向前藩主酒井忠笃提交了"萨州停留中之大略"的报告。十一月七日，庄内藩的酒井忠笃又以修习兵法的名义带领七十余名藩士来到鹿儿岛，一直逗留到次年三月。有一本名为《南洲翁遗训》（以下简称《遗训》）的书将西乡隆盛在这一时期于各种场合发表的言论记录下来，在后来出版，对西乡的后世形象产生了重大影响。在这本书中，西乡隆盛阐述了一些极为大胆而果断的观点。

在西乡的言论中，最大的一个批判点针对的正是在官之人的私利私欲。西乡认为本应"勤于职事，为人民之标准"的人，却在"草创之始，装潢家宅，纹饰衣服，抱拥美妾，谋蓄钱财"，这样将难"遂维新之功业"（《遗训》）；此外，他还曾痛骂道："朝廷之官员有何所为？盖贪月俸，居住大名宅邸，决口不言职事，若恶言之，则为盗贼也。"（《犬塚报告书》）

另外，政府的开化政策也遭到了批判：

为开耳目，而设电信，铺铁道，造立蒸汽机械，耸人听闻，然为何无电信铁道而不能为政？不注目于必不可缺之物，徒美外国之盛大，不论利害得失，从家宅构造至于玩物，无不倾仰外国，长奢侈之风，浪费财用，使国力疲敝，人心流于浮薄，终将日本之资财尽耗国外也。（《遗训》）

简而言之，西乡认为政府搞错了开化的顺序。他指出，"忌惮文明开化之事，则无当今之势。若以右手执笔，左手仗剑之心，重振改革，自然可成文明开化之势"（《犬塚报告书》）。此外，政府应"先张我国本体所依之风教"，然后"广采各国之制度（长处），进而达于开明"（《遗训》）。从他所言之"文明者，称赞广行正道之谓也，不在宫室之庄严、衣服之美丽、外观之浮华"（《遗训》）来推断，西乡隆盛将开化政策与在官之人的骄奢风气放在一起进行了批判。

此外，《遗训》还论述了政府岁入（即租税）和岁出的问题："受制于时势，制限纷乱，若量出为入，则唯有挤榨民脂民膏""纵使国家多端财用不足，亦须严守租税定制，损上而不虐下"。西乡由此提出了"常备之兵数亦须依会计制限"等所谓量入为出的原则。从萨摩藩此时极为庞大的常备军规模来看，他的说法似乎没有什么说服力，但是从西乡隆盛的内心来看，他或许想通过自身的朴素生活来推动藩财政的"节流"。

政府再三敦促出仕

与此同时，政府对西乡隆盛再三发出催促，令他到中央政府任职。对此，西乡隆盛表示"令我与贼为伍，贬损之甚也"。

承蒙朝廷荣召，以吾辈不肖，虽得用为小吏亦不应推辞，但吾意实不在此，唯恐政府疑吾有不轨之图，以金绳束缚，故蛰居不出。吾欲为官员之说实乃大误会也，望暂容吾三思。(《犬塚报告书》)

大久保利通在寄给他的书信中提到"叹息庙堂之事"，对此，西乡隆盛的回应是"愿尽一己之心力，若仍不采用，则愿早早归去"(《犬塚报告书》)，这句话想必揭示了西乡隆盛的真实心情。

尽管如此，西乡并没有决心今后再不出仕。西乡隆盛对犬塚说："现下出仕，毕竟只能为议论之事，待时机成熟之时，吾将绝不旁观。"

不过，在西乡隆盛说出这番话前，他就说过政府"如同铁车生锈"，仅凭加油也无法推动。"须以铁锤震之，再以行车之法御之"。这可谓是意味深长的发言。此言一经传出，坊间便立刻出现了揣测西乡隆盛真意的流言，诸如"萨摩将举大兵令朝廷生巨变"，而大村藩也将出于以往与萨摩的关系追随这一行动，等等。

政府首脑也为之动摇，以至于大久保利通曾不得不劝说岩仓具视不要被"种种煽动之说"和"眼前之小混杂、小物议"所迷惑，而要"贯彻朝廷之意，成大变革之事"(《大久保利通日记》十月十日条)。由此可见，西乡隆盛的声望确实非同小可。

以西乡隆盛为中心的萨摩局势，似乎表明世上也存在如此"不易"之变局，但实际情况如何呢？学界存在一种观点，认为此时西乡隆盛已经下定决心，"一旦机会到来就发动政变"（井上清、田中惣五郎等），但笔者认为此论有误。

西乡隆盛一方面说"此次盼望撤回兵队"，同时还在不清楚他是否听闻了流言的情况下这样说："撤兵之事，观庙堂今日之状，恐已难为。若不尽力，着实难平，而若有人举兵进逼阙下（首都）则颇为不妙，故望断然撤兵，以尽人事。"后来，相传西乡隆盛在最终决意上京之时曾于提交给敕使岩仓具视的《意见书》（后述）中提出，要克服藩以兵威动摇上意等"尾大"而中央政府"不振"的情况，以实现天皇集权为执政的基本路线。另外，《意见书》在开头处就谈到了"暂时扫荡黜陟上下官员，精选而任。官员应尽量减少，以简易为贵"。将上述史料综合起来进行考虑，应该可以认为上文提到的流言只是杞人忧天而已。

决意上京

西乡隆盛上京的机会意外快速地到来了。十月中旬，其弟西乡从道接到内命返乡，催促西乡隆盛上京。西乡从道于前一年，也就是 1869 年（明治二年）三月与长州的山县有朋一同接到去欧洲考察军事的命令，六月从长崎出港，主要在拿破仑三世统治下的法国学习了法式兵制。随后，两人又游历了英国、美国，于 1870 年（明治三年）七月返回日本。

或许是有所盘算，政府没有让西乡从道立即返乡，而是在八月二十二日任命他为兵部权大丞，叙正六位，于九月十日令他与山县一道在宫城西之丸进行归朝报告，又在一个月后的十月十二日任命他为陆军挂，然后才批准他返乡。

滞留东京的两个半月时间里，西乡从道与大久保利通和木户孝允见了面。木户孝允在日记中写道："忧叹兵部省事务不举。此人之诚实溢于言表，实乃可靠之人也。"在宫城听完归朝报告时也发表了感想："西乡信吾（当时尚未改名）此次自欧洲归国，获益甚多……是又与国家有关也。"

可以认为，西乡从道经过一年多的欧美考察之后，开始站到了国家的立场上思考问题。他向兄长西乡隆盛讲述了西欧情况，同时也"详述朝廷之实状"，使西乡隆盛落泪（致大久保利通、吉井幸辅信函，明治三年闰十月二十二日）。此事终于让西乡隆盛基本下定了上京的决心。

政府接到西乡从道的汇报后，认为机不可失，于是迅速做出了应对，先是任身在京都的岩仓具视为敕使，令他直接从京都出发，还让他带上了一份表面上敦促鹿儿岛的岛津久光及山口藩毛利敬亲上京的诏书。十二月十五日，岩仓具视率参议大久保利通、兵部少辅山县有朋等人从大阪出发，十八日便来到鹿儿岛，得到了西乡从道的迎接。随诏书一同带来的三条实美亲笔信函中对西乡隆盛写道："虽久疏问候，此次特令你随从上京。"尽管形式上好似顺便一提，但毋庸置疑的是，令西乡隆盛上京才是岩仓此行的本意。

接到敕使的直接邀请后，西乡隆盛的决心也就更坚定了，翌 1871 年（明治四年）一月三日，西乡隆盛随敕使岩仓具视等人前往山口，会见了藩主父子与当时已返乡的木户孝允等人，随后又前往高知，与板垣退助、福冈孝弟等人探讨了国政改革问题，最后于二月二日踏上了久违的东京地界。

在岩仓具视、大久保利通、木户孝允离京之时，发生了一起重大事件。一月九日，相当于东京政府留守负责人的参议广泽真臣遭到暗杀。他是盟约书的署名者，也是与木户比肩的长州大人物。广泽真臣的死，使得让西乡隆盛参政的需求变得更加紧迫了。

西乡隆盛的《二十四条意见书》

此次上京，西乡隆盛上呈了那封著名的《意见书》。该《意见书》条目多达二十四条，对于理解西乡隆盛的治国构想意义重大。《意见书》中的大致理念与《犬塚报告书》和《遗训》基本一致，其中最重要的是，在贯穿《意见书》全文的整体基调中，可以看出西乡主张中央集权化的志向。西乡隆盛原本是相当于在鹿儿岛割据一方的人物，为何事到如今，却要主张中央集权？这个问题直接关系到理解西乡隆盛的根本，时至今日仍众说纷纭。

在《意见书》中，西乡提出了"当知皇国之国体如此，目的如此，当本于本朝中古以上之体，又普遍斟酌西土西洋各国，成一定不拔之大体也""政权不出一途，则分崩离析，难成统纪，诸事不得贯彻。故应使朝堂之上政权归一，参政之人长居阙下，立不动之法，纵有大乱变事，亦可稳立政府""上对府藩县一视同仁，其间不杂一点爱憎"等意见，阐述了应确立中央政府权威性地位的观点。然而人们向来争论不休的问题，却还是西乡隆盛究竟是希望封建制存续，还是转向郡县制（中央集权制）。

此外，这份《意见书》的原版至今尚未发现，而现存诸版本间存在语句相异之处。围绕封建制与郡县制的最重要条目是倒数第二条，根据《西乡吉之助建白书》（《大隈文书》第一卷）及《一新之际西乡吉之助展望书》（《岩仓具视相关文书》第八卷）记载，其内容如下：

又，尚应评议郡县封建之制。方今观现事之形

势，郡县之制实行日久，其弊害不胜枚举。应在众贤热议之上，徐改其制。（着重号为笔者添加）

然而，根据井上清的介绍，在杂志《日本及日本人》（大正十五年一月号）中收录了一封《西乡子向岩仓殿所呈书信》（早濑己熊写本），指出里面的内容是"封建之制实行日久"（着重号为笔者添加）。另外，从西乡隆盛主张的统一性来看，井上清认为早濑抄录的版本才是正确的（《西乡隆盛》下）。

对此，原口清提出了反论。1871 年（明治四年）政府内抄写的《诸藩知事禀议指令》（东京大学图书馆藏）中，有一份史料是《鹿儿岛藩士西乡氏出京呈文大略》，其中出现了"成郡县则不成强兵""应行封建"等文字，因此大隈版本才是正确的，也就是说这一时期西乡隆盛的主张是维持封建制度，要到后来才转而主张实行郡县制（有证据表明此事可追溯至明治四年七月）（井上清《〈西乡隆盛〉书评》）。

是"封建"还是"郡县"

我认为，从这份意见书的逻辑一贯性来看，如果西乡提出维持封建制的主张，就会显得很不自然。所谓"徐改其制"，将其视为改革现有制度的意愿才是更为自然的解释，而且，若西乡的主张不是建立以天皇为中心的中央集权国家，那么他决意上京的理由就无法说明了。

不过，如果要说这个条目所采用的文本必须是"封建之制"，也未免武断。因为其中存在一个问题，就是西乡隆盛如何理解"郡县"这个词。无须赘言，郡县制是否定了藩国体制的中央集权制，也是当时政府亟须面对的一个问题，然而虽然仅限于名目，版籍奉还还是在此前一年得到实施，藩的土地和人民全都被"奉还"给了天皇。如此一来就出现了一种可能，即西乡隆盛是在将版籍奉还后的体制表述为"郡县制"。上文提到的《犬塚报告书》中，记录了西乡隆盛的这样一段发言：

> 方今封建弊风既除，郡县之形始成，自然应顺应人才，授其职掌。然则大纳言以上皆为华族，着实难解也。

也就是说，实行郡县制虽有其名而其实难副，西乡隆盛或许是出于这种原因，才提出了"郡县之制实行日久"的主张。此处就算将原文的用词解读为"郡县制"，也可以将其看作西乡隆盛推动中央集权制的立场。

原口清揭示的史料中，还存在除《意见书》之外，其他与西乡隆盛相关的史料，其中就有一句"欲与万国并立则当强兵。然则如眼下之制者自不必说，即便今后成郡县之制亦不能强兵。故应于各地置镇台兵，从四国、九州、关东、北国地方召强壮者备之。"这或许也能解释为版籍奉还之后，"郡县制"已经实现，但西乡隆盛还是批判制度实施不够彻底，政府没有定见。

只是，如果认为西乡隆盛把版籍奉还等同于郡县制，那么条目开头的"尚应评议郡县封建之制"一言又该如何考量？对此本书将不再深入探讨。即便如此，我们仍可认定西乡隆盛的立场在于实行郡县制，贯彻中央集权。

西乡隆盛眼中的正当名义

上文已经论述过，西乡隆盛之所以在戊辰战争正盛之时归藩，是出于他对旧主岛津齐彬的忠诚，以及通过这种忠诚形成的藩意识。既然如此，西乡隆盛如果在上京并于中央政府占据显著地位的同时依旧主导本藩事务，那么即便这是为了纠正担任要职之官僚的堕落现象，但只要这些行动是出于他自身的意志，便必然是名不正言不顺的。西乡隆盛一直拒绝上京的最大理由，应该就在于此。

然而此时，西乡隆盛终于找到了打破继续以藩士身份行动和成为政府官僚间之矛盾的正当名义，那就是名副其实地成为天皇这一最高权威的臣属，除此以外皆不做考虑。那不仅是可以囊括西乡作为效忠岛津齐彬之萨摩藩藩士的身份的唯一立场,他基于仁政主义对现实政治的批判也只有通过天皇臣属这一身份才能实现。于是,彻头彻尾的皇国主义者西乡隆盛就诞生了。笔者认为,西乡由此之后的行为和主张背后的基本立场,在很大程度上都植根于此。

在这里,西乡隆盛保持了藩士身份,或者说通过成为天皇臣属,将自己的藩士身份也囊括在内。此时西乡隆盛的立场乍一看很适合维持封建制度,但实际上却非如此。西乡隆盛的藩士意识本身来自他对旧主岛津齐彬的忠诚,那种观念已经超越了具体的藩士归属,不会因为藩体制的瓦解而消灭。因此,也难怪西乡隆盛会开始认为,以天皇为中心的、非封建制的近代中央集权国家才是最为理想的国家形态。

这与大久保利通选择的道路可以形成对照。大久保利通是通过彻底否定藩士身份,才在维新政府获得了官僚的地位。对大久保利通来说,天皇是对包含他在内的统治集团(有司专制)赋予正当性和执政效力的上级权威,因此只需要扮演伦理性的角色,发挥意识形态层面的作用即可。

两者的不同将会发展成明确的对立,这点将在第三章展开论述。

创建天皇军队

回到《意见书》的分析。西乡隆盛提出了他一向持有的战略与军备政策主张："方今形势，若不以海陆军保护，则皇国难以维持"，与外国来往时"若恐战之一字，妄从他说，则陷因循苟且，令国体不立"；因为"攻有势，方能守"，所以"以海陆军守护国家，方能令攻守之权归于我处""此时应废止一切蒸汽大业、铁道铺设之举，勤固我根本，充实兵势"。除对外军备之外，他还这样说：

> 朝廷无兵权，则可谓坐于空名之上，届时各藩动辄以兵威犯上，朝意难立。

为此，"应令各藩强大者献精兵一万余人并其家属于朝廷，永为朝廷记名之禁卫兵，若有不直之辈，则以此兵征伐之"，提出了创建天皇的专属军队，以维护宫禁内外安全的主张。这与上文提到的"长居阙下，立不动之法，纵有大乱变事，亦可稳立政府"的官僚，也就是天皇臣属思想结合起来，共同揭示了西乡隆盛对稳定的天皇制政府的构想。

四　废藩置县及遣使欧美

1871 年（明治四年）二月八日，西乡隆盛在上京后马上与大久保利通、木户孝允、板垣退助等人一同拜访了三条右大臣邸，在岩仓大纳言同席的情况下，商讨并敲定了征召萨长土三藩兵一事。十三日，政府下令召集萨摩军步兵四大队、炮兵四队，长州军步兵三大队，土佐军步兵两大队、骑兵两小队、炮兵两队，总兵力为八千人。十五日，西乡再次启程返回鹿儿岛（二十五日抵达），立刻着手组建天皇亲兵部队，并在四月十五日前将其全部派往东京，入驻市谷的尾州藩邸。西乡与藩知事岛津忠义一道于二十一日入京。土佐兵随板垣退助于五月十八日抵达，长州兵则因为藩知事毛利敬亲去世而延缓出发，直到六月中旬才入京。

八千亲兵被分配给兵部省管辖，负责守护禁阙，如此一来，西乡隆盛上京后的第一件工作便告成功。

木户孝允与西乡隆盛成为参议

接下来的课题就是人事变更。六月一日，西乡隆盛造访大久保利通，主张"政出一途不如根本归一，根本归一不如推立一人。故应推立木户，合力同心相助"（《大久保利通日记》当日条），大久保利通也表示了同意。西乡隆盛又说服井上馨和山县有朋同意了推举木户孝允为参议的提案，大久保利通则争取到了板垣退助的赞同。当月十七日，三条实美与岩仓具视向木户孝允传达了这一决定，木户孝允固辞不让，交涉陷入艰难境地。大久保利通

西乡隆盛：通往西南战争的道路

在西乡隆盛首肯的基础上，提出了保留木户孝允与西乡隆盛为参议，其余人员皆下放各省任职的方案，最终说服了木户孝允。二十五日，政府终于发布了"现任参议一律免职，由木户、西乡就任参议，各省少辅以上免官"的通告。与此同时，大久保利通被任命为大藏卿，大隈重信被任命为大藏大辅，井上馨为民部少辅，山县有朋为兵部少辅，寺岛宗则为外务大辅。

这是一场政府人事的大换血。西乡隆盛在写给桂久武的信件中得意扬扬地写道："此次俗吏亦甚落胆，状若濡鼠也"，还说"大、小丞以下"的人选也将"相继发布"（七月十日信函）。并且，在写下这封信的时候，西乡隆盛等人已经下定了断然推行废藩置县的决心。

此次废藩置县的直接契机可能是鸟尾小弥太与野村靖在山县有朋宅邸的会谈（也就是"书生论"），也有可能是木户孝允本人的主意。这一问题姑且不论，七月六日，当山县有朋造访西乡隆盛，劝说他断然实行废藩置县时，西乡隆盛当场表示了赞同。松尾正人认为，西乡隆盛之所以表示出这个态度，是因为要维持以萨摩兵为主力的亲兵队伍，就必须对封建领主制进行变革（《废藩置县》），但从建设以天皇为中心的中央集权国家这一意图来分析，西乡隆盛同意实行废藩是极其自然的举动。

废藩置县与仅停留于名义上的版籍奉还存在许多不

同，是一项彻底否定封建领主制的政策。旧藩主被要求与
领地分离，并居住在东京。木户孝允、西乡隆盛皆同意断
然实行废藩的消息在八日由西乡隆盛本人传达给了大久保
利通，从翌日起，关于"变革顺序之事，及政体基准之
事"（《大久保利通日记》七月九日条）的讨论便开始了。
到十二日，大久保利通也决意"与其维持现状而瓦解，
不若做大英断，败而瓦解"。（《大久保利通日记》七月十
二日条），并说服了一直在动摇的岩仓具视。最后，在十
四日，五十六藩知事被召集至小御所的大厅，接受了废藩
置县的御诏。

雄藩均衡政策

此时，应木户孝允的要求，大隈重信和板垣退助也加
入了参议的行列，实现了萨、长、土、肥的势力均衡。对
于这个在废藩置县之后依旧强调雄藩均势的措施，岩仓具
视和大久保利通都表示了反对。

此时，大久保利通想到了一个计策。他向周边的人透
露了如今大变革目的既已达成，自己便希望辞去大藏卿，
进入宫中的想法。果然，西乡隆盛等人马上做出了挽留行
动。另外，松平庆永和大隈重信兼任大藏、民部两省的卿
和大辅，形成了权力可能超越三职（即"有司"）的状
况，于是一番争执过后，政府虽然于 1870 年夏一度强行

实施了"民藏分离"，但以这次挽留行动为背景，大久保利通最终获得了巨大的权限。也就是说，随着大藏、民部两省再次被整合为大藏省①，原本由民部省所管辖的驿站、户籍、兴办实业等事务也都归入三司的管辖范围，而井上馨（大辅）、津田仙（少辅）、涩泽荣一（大丞）、松方正义（权大丞）、田中光显（户籍正）、伊藤博文（租税头）等包含长州势力在内的出色人才也因此成为他的手下。如此一来，大久保利通为了与藩阀均衡的政策对抗，同时也为了维持有司专制，成功扩大了自己的权力基础。

接着，在七月二十九日，太政官制得到改革，设置了正院、左院、右院三院。正院由大臣、参议等组成，负责辅佐天皇，左院主要负责立法，右院则由各省长官起草法案，对行政的实际利害进行审议。政府规定"凡立法、施政、司法事务，照其章程由行政左右院上达，正院裁定"，意在构筑能够进一步强化集权制的机构。位于三院顶点的人物是太政大臣三条实美，右大臣则由岩仓具视出任。

废藩置县没有受到旧藩势力的反抗，实施得非常顺利，于是大藏省又迅速实施了旨在瓦解封建制要素的各项

---

① 1871 年（明治四年）七月，一度被分成二省的民部、大藏省再次被统合为大藏省，由大久保利通担任主官大藏卿。

政策，包括在八月九日颁布散发脱刀许可令，十八日宣布允许平民穿着打褂、京袴、割羽织，九月七日颁布田地自由耕作许可令，十月三日废止宗门人别帐（寺请制①），宣布平民可以与华、士族通婚等。另外在九月，还以大藏卿大久保利通及大辅井上馨之名提出了"土地买卖解禁、分一收税设施之事"，提出了改订地租的改革方向。当然，改革并非只由大藏省实施。七月十八日设置的文部省在省内设学制调查挂职位，开始起草《学制》草案；兵部省也于十二月二十四日以大辅山县有朋和少辅川村纯义、西乡从道的名义提议设置常备军与预备军，并充实海军，为建立征兵制开启了道路。这些政策同时大规模展开，使得日本迅速开始了近代化国家的建设。

宫中改革中的西乡隆盛

所有废藩后的改革中，最让西乡隆盛津津乐道的，就是宫中的改革。西乡隆盛对自己的叔父椎原国干如是说：

> 种种改革成果之中，最令吾喜悦光荣者，乃主上身边之事也。迄今为止，唯华族之人可出入御前，士

---

① 寺请制是江户幕府为维持宗教控制而实施的制度。民众必须成为寺院檀徒（施主），获得寺请文书，通过寺院证明自己不是基督徒或非官方佛教宗派的信徒。

族虽任宫内省官员，亦不能出入御前也。此等弊习已被改正，侍从亦可从士族中召选，公卿、武家、华族并士族皆为官员，尤以士族召入之侍从深得宠爱，实为壮举也。（十二月十一日信函）

如这封信函所说，岛义勇、高岛鞆之助、米田虎雄皆被任命为侍从，宫内大丞则由吉井幸辅（友实）、村田新八、山冈铁太郎等人出任。西乡隆盛又提到了天皇乘马之事，亲兵"各召一小队，调练巡游"，并感慨"尊大之风俗愈散，君臣如鱼水交融"。西乡隆盛在同一封信函里还提到，对废藩多有不满的岛津久光属下"杜撰种种说辞，煽动人心"，感叹"又如往常，但有恶事则吾名必出，甚为困扰"。关于西乡隆盛的恶评越是散播，西乡隆盛就越发表现出对天皇的忠诚与敬爱，而天皇也喜爱西乡隆盛的为人，对他抱有亲近感。此事在《明治天皇纪》的记载中随处都可窥见。

从上京到废藩置县，以及之后的改革时期（1871年），西乡隆盛对天皇的忠诚观念的形成和深化，基本可以视为他与藩的关系的另一极。

但是此处要补充一句，以大久保利通为中心推进的各种改革，在这个时间点并未出现令西乡隆盛感到不满的迹象。

派遣欧美使节团的准备

在实施改革的过程中，政府还开始为遣使欧美大作准备。根据大久保利谦所说，派遣使节的构想首先由大隈重信提出（《岩仓使节的研究》）。也就是说，大隈重信在八月二十日前后提议为交涉条约修改一事派遣使节团，并自愿担任使节，阁议对此基本表示了同意。太政大臣三条实美原本打算派大隈重信一个人担任使节，而反对大隈重信的岩仓具视和大久保利通则合谋排挤大隈重信，试图将使节替换为右大臣兼外务卿岩仓具视，并令其全权负责。三条实美犹豫再三，于九月二十七日表示了同意。从这天起，岩仓使节团就开始了组织进程，以木户孝允、大久保利通为副使，组成了人数约五十人的使节团，再加上留学生，最终编成了总数一百人以上的大团队。其中，副使由工部大辅伊藤博文、外务少辅山口尚芳出任，一等书记官为外务少丞田边太一和福地源一郎，理事官为司法大辅佐佐木高行、侍从长东久世通禧、陆军少将田中显义，会计兼务则由户籍头田中光显、文部大丞田中不二麿出任。

此时，三条实美明显表现出了对木户孝允和大久保利通出国的不安，大久保对此表示，虽有人议论"大藏省之权既盛，非将其折煞不可"，并可能出现"熟思洞察将

来，不日必生不测之弊，复又改革”的事态，但鉴于
“当以他日为目的，施今日之治疗”，让木户孝允和他本
人出国“更乃良法”（致岩仓具视信函，明治四年九月十
二日），并以此说服了周围的人。另外，虽然“众人看
来”此时出国好似“趋易避难”，但他并不是出于那种
“肤浅之心”才有意出国，“只为防患于未然，一举两得，
轻量取舍，取权宜之策，乃一片赤心也”。（致岩仓具视
信函，明治四年九月十七日）

大久保利通主导的改革路线

对大久保利通来说，废藩置县及之后的机构和政策改
革，是完全不能委让于他人的要务。他坚信，哪怕自己略
显强势，也绝不能让藩阀利益及其他浅薄的利害关系对这
些改革产生影响。为了维持改革的基础，大久保利通做出
了这样的判断，即通过让表面上被认为是萨长两藩魁首的
大久保利通和木户孝允两人出国，使得众人失去非难和批
判的目标，从而有效维持改革路线。而且，他还说出了以
下这番话：

> 如内言所述，小臣亦有极大预期，此说虽甚狂
> 妄，惟请严定规矩，否则诚难安心出千里之外也。
> （致岩仓具视信函，九月十七日）

他甚至明言在出国之前，自己会明确出访期间国内行政的基本路线。

如此梳理下来就会发现，废藩置县得到实施的直接契机，其实就是对大久保利通等人之方针的实践。废藩置县后，各种改革方针如排山倒海一般得以实施，可见早在废藩以前，他们就已经做好了改革的准备。此外还可以明确的是，改革前后的机构和人事安排都与木户孝允和西乡隆盛的意图不太相符，而是由大久保利通和岩仓具视来决定的。比如西乡隆盛提出让大藏省登庸由利公正（致大久保利通信函，七月十八日），而大久保利通并不予以采纳，而是按照一开始的方针，将由利公正任命为东京府知事。而在出国一事上，如"今朝（九月十二日）山县、井上两人往西乡处，深入长谈"之后，西乡隆盛也"听闻利害得失之论，表示同意"（大久保利通致岩仓具视信函，九月十二日）的记载所述，大久保利通最终说服了西乡。然而，只有板垣退助迟迟没有赞同。

《约定书》的重点

负责留守的大隈重信说，"一旦不幸惹起不测之纠扰变动，其处理裁断，非余等所能行，虽多少有时日荏苒之忧，必与派遣中之使节往复讨议之后，再行裁断"，但"无奈行此约定，须制定条件"（《大隈伯昔日谭》），遂于十一月九日，由大臣、参议及其下十八名阁僚在十二条《约定书》上署名。这一《约定书》的重点在于第六项"内地事务，若大使归国后将大幅改正，则在使节出访期间尽量不行新规改正之策。万一有改正之需，则应与外派之大使商讨"，同时还有第八项和第九项关于不应补充各官省长官缺员和增加官员的规定，如此一来，留守政府的施政便受到掣肘。至于留守政府当做之事，则是第七项规定的"废藩置县之处置当以令内地政务归于纯一为基础，遂其条例，顺次得出实效，乃至无有待改正之处"，也就是处理废藩置县的残留事务（想必也包含了以废藩置县为直接前提的各项改革）；以及第二项规定的书信交流事项，即"中外要用之事件，随时互相报告，一月两次之书信必不可缺"。

西乡隆盛在十一月三日写给桂四郎的信函中写道：

> 各省均派人手与使节同伴，真乃热闹之举也。其内只做废藩善后之处理，规定不可对外出手。至此，为交涉难行之留守职务，甚费苦心也。应予体察。

西乡隆盛基本上正确地理解了《约定书》的内容。

如上文所述，这份《约定书》是相当于留守政府事务局长的大隈所提议的，但有趣的是，在《约定书》的议案提出之前，其内容就被大久保利通用来当成了说服他人的论据。他在九月十二日给岩仓具视的信函中写道：

> 留守期间，只处理废藩立县之余务，于他事皆不插手，大藏省之人选等权力，亦皆由正院掌握，左院形同关闭也。

简而言之，对留守政府的要求就是"只需处理废藩置县的剩余事务，其他都不用管"，因此，这份《约定书》的作用就是束缚其手脚，让留守政府"什么都别做"。大久保利通在上文那段话之后，又写了"此事西乡亦担忧板垣之反应"，板垣则提出了反对，称"既如此，则使节之派遣将束缚余等内阁成员，所派之使节亦在不言不语之间，监督内阁成员之言行也"。(《大隈伯昔日谭》)若是一开始预定的使节团出国时间为十个半月便也罢了，但出使时间后来竟延长将近一年，变为一年又十个月，也就难怪其他内阁成员也对板垣退助的不满感同身受。

陆续推行的近代化政策

岩仓使节团出发巡访欧美后，内政便交由以西乡隆盛为中心的政府处理。这一"留守政府"后来陆续推行了以废藩置县为起点、为扫除各种封建要素而得到推行的近代化政策。

首先，在 1872 年（明治五年）一月，原本复杂的阶层身份被简化为华族、士族和平民。二月，政府开始处理构成封建特权关键的秩禄制度①，并向当时身在美国的大久保利通去信，称"旧藩之外国负债全部加以处理""即日起颁布藩钞兑换之令"，等"兑换完成之后""借机定立取消家禄之法，由大藏省提出，自美国借入三千万，遣吉田行事……此乃两全之良法，切不可坐失此机会"。（明治五年二月十五日）于是，西乡隆盛为从美国募集三千万日元外债实行秩禄处分，将大藏少辅吉田清成派往美国。

十一月，政府发布征兵通知，并于翌 1873 年（明治六年）一月颁布征兵令。封建特权接连不断遭到废除。在这个过程中，鼓励士族阶层从事农、工、商业的政策也值得注意。

另外，留守政府还推行了产业振兴政策。1872 年一年之内，全国邮政网络得到完善，九月，连接新桥、横滨的铁路开通。十一月，政府制定国立银行条例，加快了设立银行的步伐。此外，富冈制丝所也开始投产。与此同时，对于土地制度这个最大问题，政府在实施了去除封建制约的政策后，又于 1872 年六月实行了地租改正。

---

① 即根据官等配发俸禄的制度。

西乡隆盛担任首席时的三大改革

1872 年八月，政府颁布学制，由此首创了国民教育制度。可以说，被称为明治三大改革的征兵令、地租改正和学制皆为留守政府着手实施的政策。

这些改革究竟是大久保利通等人早已做好准备的举措，还是留守政府无视"约定"而推行的政策，仍需另行探讨。但重要的是，围绕这些政策，留守政府与使节团之间几乎看不到矛盾的痕迹。想必正如远山茂树所指出，使节团出发之前，改革的基本路线已经成立，无论首脑部门的人事如何变化都能推行事务的官僚组织也已形成，因此留守政府的改革才取得了这样的成果（《有司专制的成立》）。

然而，即使路线已经确定，实施改革的负责人却是首席参议西乡隆盛。此处必须要确认一点，即对于剥夺封建特权，推进近代化的各项政策，西乡隆盛至少没有表现出反对态度。

第三章　征韩论争

一　"暴杀使节"

主张强硬谈判的议案

1873 年（明治六年）夏天的某日，可能是在六月末或七月，外务省向太政官提出了一份关于朝鲜问题的议案。议案主张，为了纠正朝鲜王朝的"非礼"之举，可以不惜使用武力，以强硬姿态进行谈判。

议案列举的"非礼"指控大概包括以下内容：朝鲜方面不接收通过对马藩传递的修好之书，又在明治三年对外务卿递送的书信提出"外务官员来此，乃史无前例之举""不应开新例"，因此拒绝交涉；对日本漂流民置之不理，不予善待；将釜山"草梁倭馆"的部分设施拆除；

在"倭馆"门前张贴"传令书",上书"虽受制于人亦不以为耻""近来观彼人所为,可谓无法之国""应秉此意洞谕彼之头领,免生妄错后悔不迭矣"等侮辱日本的文字,不一而足。

接下来,议案又主张,若这等事态继续下去,政府"实难置之不顾,应断然出师",可是"兵者大事",所以"为保护我国人民,派陆军若干,军舰几艘",而"一旦有事"则令九州镇台发兵支援,并派遣使节,以"公理公道"与朝鲜谈判。

新政府成立以来,一直没有与朝鲜建立国交,此事已成为政府的重大未解决事项。然而,此处列举的"非礼"是否属实仍然存疑。文中提到的"草梁倭馆"是一处占地广大的设施,自江户时代以来,由朝鲜方面为与日本进行外交和贸易往来专门提供给日本人使用。它原本归朝鲜政府所有,后者按惯例允许对马藩吏对"倭馆"进行管理。但日本政府借1872年(明治五年)废藩置县、对马藩撤销之机,单方面将这里纳入外务省的管辖范围。不难想象,这一行为刺激了朝鲜政府。而且,日本商人还以这座"倭馆"为据点,开始进行走私贸易。如此一来,在正式国交尚未建立的情况下,这种行动使朝鲜政府态度发生转变,也是理所当然的结果。

发展到这一地步的经过,将在本章第四节以后进行叙述。总而言之，这一议案就成了后来所谓"征韩论争"的导火索。首先，必须把与这一问题相关的阁议经过梳理一遍。

决定派遣使节的方针

出席阁议的成员为太政大臣三条实美，西乡隆盛、板垣退助、大隈重信三参议，还有当年四月新任参议的大木乔任、江藤新平、后藤象二郎。首先由板垣退助发言，主张政府不应坐视良民被害，应以保护居留民为目的，火速向釜山派遣一个大队的兵力，此举正如英法军舰停泊横滨港，乃正当防卫之属，修交之谈判大可日后再议云云。面对板垣退助的煽动，西乡隆盛劝阻道：若立刻动兵，恐他人将非议日本国试图吞并朝鲜国，实属不妥，应先派遣全权使节，与京城之朝鲜王朝政府谈判，"令自悔悟"。三条实美先同意了西乡隆盛的提议，但他又提出让大使乘军舰率兵赴朝，对此西乡隆盛并不赞成。他主张大使不率兵，而是着礼冠礼衣，也就是戴乌帽子穿直垂①，携厚礼出访。板垣退助改变主意，赞成了西乡隆盛的意见，其他多数参议亦赞同西乡隆盛。可是三条实美认为兹事体大，没有当场定夺。

---

① 乌帽子是一种黑色高帽，直垂主要是武家社会的男性衣着，明治初期被定为朝廷出仕的礼服，两者皆为正装。

西乡隆盛积极展开准备工作

阁议逐渐往派遣使节团的方向倾斜，那么，究竟该任命谁为使节呢？首先提出的人选是外务卿副岛种臣。副岛自当年三月起，为交换《中日修好条规》（1871 年缔结）的批准书和就漂流到台湾的琉球岛民被杀一事进行交涉前往清朝，彼时清政府明确表示不对朝鲜的内政外交进行干涉，而俄罗斯公使布策也明言"纵使我国（日本）对韩国行事，露国①对此亦不干涉寸毫，更无妨害"。（《大隈伯昔日谭》）七月下旬副岛归国，向阁议报告此事，并提出希望出任赴朝使节。三条实美也开始认为副岛最适合担任使节一职。然而从此时开始，决意亲自作为使节前往朝鲜的西乡隆盛，就开始了殚精竭虑的准备工作。

西乡隆盛当时为了治疗脂肪过多的问题，在德国医生西奥多·霍夫曼的指点下服用泻药，因为身体疲劳也减少了外出。于是，他为了让阁议任命自己为遣韩使节，将所需的准备工作全部交给板垣退助执行。七月二十九日，他在写给板垣退助的书信中提到，若日方"先遣兵队"，定然令"彼方勒令退兵"，一旦日方拒绝这一要求，则战端骤开，日本将因此"酿成战事"，成为挑衅一方，实为不

① 即俄罗斯帝国。

妥。所以，"断然令使节先行"方为上策。若派遣使节，"彼方定行暴举"——也就是"暴杀"使节之举——"可以预见，届时讨伐之名既成也""诚请遣我为使"。另外，西乡也亲自拜访了副岛种臣宅邸，与后者面谈，令他同意一旦决定派遣使节，则由西乡出使。八月三日，他又给三条实美去信称，外务卿归国日浅，台湾问题尚未处理完毕，对于朝鲜问题，若"不贯彻维新以来之原则，恐污辱后世也""应断然任命使节，分明公正其曲"，并强调"万望遣我为使"。另外，他还把这封信抄送给了板垣退助。

西乡隆盛在八月十四日给板垣退助的信中写道，"事已成八分"，只差最后一步了。据《西乡隆盛全集》编者的解说所述，前一日，即十三日召开阁议时，西乡隆盛可能也出席并阐述了自己的观点，此言或许是当时的感触。他在这封信中也对板垣退助说，"必会挑起作战之机会""若有畏死抑或姑息之心，则无事可成""应痛下决心，遣我为使"。

体现西乡隆盛意图的书信

接下来的阁议定在八月十七日。西乡隆盛认为此次定要达成决议，便在十六日参殿求见三条实美，"进言如缕"。后来他向板垣退助透露，说板垣退助等人的"劝说看似顺利"，令三条实美的态度与"前日于正院之态度相比大有改变"，但三条实美希望等岩仓使节团归国之后再下结论，令他"多少难以安心"，便与三条进行了如下的会谈。文章略长，但体现了西乡隆盛的意图，因此极为重要，且在此处列出。

当前绝不可立起战端，而应分两步为之。以现今之状，若从公法追究，或有讨伐之道理，然种种事由皆须辩解，天下之人更对此无从知晓。如今若表明全无战意，只谴责邻交淡薄之事，并正其不逊，差遣使节，往邻国宣示厚交之意，彼必轻蔑相待，甚至暴杀使节，绝无疑问也。彼时将此事昭告天下，可明言举兵讨伐之罪状。不行至此步，则事不能圆满。

然后，他又说这是"将期冀内乱之心移至外国，乃兴国之远略"，批判旧幕府"错失机会，贪图无事，终失天下"，以此来要求三条实美在十七日的阁议上决定派遣使节之事。

西乡隆盛在阁议当天早晨请板垣退助送去此信，并要求板垣退助一定要出席："少弟唯望得到差遣，届时即可引发战事，过后之处理，则交由先生负责，此间之安排，诚请托付于我，合掌再拜。"另外，他还"强请"三条实美令外务卿拟定国书草案，在岩仓使节团归国前做好准备。

决定派遣西乡隆盛出使朝鲜

如此一来，当天的阁议便如西乡隆盛所愿，决定派遣他为使节前往朝鲜。翌十八日（或十九日），三条在箱根的天皇行在就阁议结果进行了奏报，得到的答复是待岩仓使节团归朝，加以熟议之后再行上奏。

赢得这一决定之后，西乡隆盛向板垣退助表达了欣喜与感谢之情："全托先生福荫，始生快然之心也""疾病亦快速平愈，自条公御殿赶往先生宅邸，脚步轻快，几若飞腾。如今已无横生之忧虑，生涯之愉快非此莫属也"。然而，事情最终还是没有如西乡隆盛设想的那般发展。

二 大久保着手阻止征韩论

早在三月中旬，正在柏林访问的大久保利通和木户孝允就收到了留守政府的召还通牒。这虽然是一项朝议决定，但使节团还是就是否归国产生了争论。岩仓具视希望使团"一同进退"，大久保利通认为应该立即归国，木户孝允则主张游历欧洲，使团意见无法统一，最终决定分开归国。大久保利通于三月二十八日离开柏林，踏上归国之路。途中经过巴黎，他给身在瑞士的大山岩写了一封信，讲述了自己的推测："复杂之情况尚不明晰，将小子等召回，恐非出于异常"，只是苦于"无人手"，而"加之又时有事故发生，使节也意外延期，故仅召回两人"。

大久保利通袖手旁观

然而，此时事态已经非常严峻。在大久保等人出访欧洲途中，大藏省和司法省与其他各省的对立变得更为激烈，乃至以代理大藏卿身份决策事务的大藏大辅井上馨和大藏省三等出仕涩泽荣一在提交财政建议后，也于五月七日递出了辞呈。代替井上馨"暂行大藏总裁"（《大隈伯昔日谭》）职能，出面处理财政事务的参议大隈重信孤军奋战，时刻盼望着使节团尽快回国。在此期间，陆军卿山县有朋也不得不辞职，庙堂之上，势力分布状况正在被大幅改写。大久保利通五月二十六日回到暌违一年的日本，但在向三条实美提交了翌日归朝的报告之后，却没有出仕于政府，而是在箱根温泉疗养身体，还到京都大阪游玩，旁观政府内部的风云变幻。

对于大久保利通的行动，大隈重信推测他是因为在巡访欧美时与木户孝允不和并独自回国后，面对井上馨的辞职、阁僚的敌对，或是与西乡隆盛及旧主岛津久光之间的关系才如此行事，"落胆失望，不欲轻执政务，慨然仰天长叹"。然而，大久保利通不出仕的原因并不在此。事实上，在大久保利通回到日本前不久，留守政府对官制进行了大幅度的改革，以至于威胁到有司专制的权力基础（参见本章第五节）。如果大久保利通最为关心的是如何维持处在危机边缘的有司专制，那么他在此刻贸然出仕就非常危险。大久保利通可能已经看出，执掌司法省的江藤新平等人的行动是令留守政府陷入混乱的根源，或许因此认定旁观一段时间才是上策。而在他回国之后，征韩论甚嚣尘上，在政府高层当中的支持者甚多，所以大久保利通决定冷静地等待时机，待岩仓具视回国之后再采取行动。

八月十五日，也就是西乡隆盛在阁议上被任命为遣韩使节的前两日，大久保利通在给村田新八及大山岩的信函中这样写道：

> 当前形势……实无改善之对策，纵小子归朝，亦如所谓蚊背负山（指力量太小，难堪重任），不知何可作为，乃迁延至今，只待同行诸位聚首。假令小子有志为之，今临此际，亦如蜘蛛互卷，了无益处。愚见如此，故愿泰然旁观也。

接着，大久保又写道，"待秋风白云之时节，百官齐

聚，恢复元气后再行开场"，表达了收拾这一事态的
自信。

木户孝允、岩仓具视亦回国

木户孝允在与大久保利通分开行动之后，访问了奥地
利、意大利、瑞士、法国等国，于七月二十三日归朝。岩
仓大使一行则在九月十三日结束长途旅行，回到了横滨
港。如此一来，"百官"终于齐聚，阵容整备完毕，然
而，事态依旧在暗中推进了一段时间。

三条实美向刚刚回国的岩仓具视指出，"大久保、木
户两氏，若不能出勤政府，则百事不治"（九月十五日信
函）。这是因为当时大久保利通没有要求就任参议，而木
户孝允虽然是参议，却没有出席阁议。可能因为三条实美
与木户孝允之间存在一些矛盾，三条实美担心亲自"上
门相请，恐为失策"，所以请岩仓具视务必将他说服（九
月二十六日信函）。

可是，木户孝允却对前来劝说的伊藤博文答复说
"大久保拜命之事为第一要旨"（伊藤博文致岩仓具视信
函，九月二十七日），让他们先将大久保任命为参议。得
到此言，伊藤博文也说："若大久保不拜命参议，如今重
大急迫之种种事件，又与何人并力以谋，以成处分哉？"
（出处同上）在同一天写给岩仓具视的第二封信函中，伊

藤又提到"又有朝鲜等事务，若无大久保，则了无眉目""大难迫于前，若大久保退于旁，则终难成就"。三条实美则称"至于大久保，但愿其能奉命，吾虽反复思索，仍觉若此人不奉命，则朝政困难万千也"（致岩仓具视信函，九月二十九日），认为只能请大久保利通出山。唯有大久保利通入阁，方能克服"阴云冥濛之形势"（伊藤博文致岩仓具视信函，九月二十九日），只是大久保利通对此迟迟没有点头。

三条实美推测，大久保利通之所以对出任参议如此抗拒，是因为他与旧主岛津久光之间的关系，另外也有很多历史书如此描述，但我认为实情并非如此。大久保利通在九月三十日给岩仓具视的信函中如此写道：

> 拜闻明日木户氏与条公（三条实美）同道出行之决定，此实乃无上之时机。正如近日来再三拜呈所言，吾恳请推举此公，若以此为根轴，则诸事有望达成。吾虽惶恐，然窃以为方今委此公以重任，以至诚相谈，直至吐露赤心，方为思虑之重也。

另外，他还提到了"总之，以木户先生为根本，一定大局，除此则无望"。也就是说，木户孝允虽然以生病或是"冗员"整理为理由，时常表示辞意，不理政务，但此人正是令政府内部团结一致的关键。从大久保利通的策略来看，他必定认为木户出仕才是最佳的办法。

推举木户孝允的策略

这个过程看起来似乎是大久保利通和木户孝允互相推卸责任。但关键在于，两人虽然在访问欧美途中交恶，此时政府最重要的课题却是朝鲜问题和台湾问题，而两人在这方面意见一致。大久保利通认为，为了在处理这两大问题时达成政府内部的意见统一，有必要借助木户孝允的力量。

木户当然反对派西乡隆盛为使节。岩仓具视返日前的九月三日，木户对三条实美说，在"万民困苦""蜂起数次"的情况下，政府的当务之急乃整治内政，他因此不赞成"令人民更陷困苦，终损国力"的对外征战，还批判任命西乡隆盛为使节的阁议决定令人"深忧不堪"。同月十五日，他又向三条实美送去了警告的信函说，"对于台湾、朝鲜云云……为国为民计，万望不要轻动"。木户孝允的想法基本可以总结为"先整治内政，鼓励殖产，确立国家富强之基础，再筹划他日之大计"（《松菊木户公传》），这与大久保利通的意见相同。上文提到的三条实美与木户孝允之间的矛盾，一度发展到令三条实美说出"由于政府对策之争议，终不至冰解"（致岩仓具视信函，九月二十六日）的地步，这很可能就是因为木户孝允对派遣西乡隆盛为使节的阁议决定进行了批判。

大久保利通决意入阁

大久保利通想要得到的是能够切实改变八月十七日阁议决定的保证。如果在没有得到确切保证的情况下贸然参加阁议，反倒有可能让事态变得更严重。大久保利通之所以不出任参议，而坚持推举木户孝允，其真实意图就在于此。然而，木户孝允也同样忧虑这一事态，"终发脑病，夜不能安眠"（出处同上）。既然木户患病，那就无法勉强，于是大久保利通决定入阁。然而他有一个前提，就是务必要得到改变阁议决定的确实保证。十月八日，大久保利通给岩仓具视写了这样一封信：

> 承蒙赐书相请，甚为失礼，小臣虽恐触尊意，然毕竟珍重前途，不顾惮意之举，特此申告。（致岩仓具视信函，十月八日）

大久保利通怀着"恐触尊意"的决心，开门见山地向身为右大臣的岩仓提出了不可遣使的要求。他的态度与1869年（明治二年）八月十日三职盟约时的态度在本质上是相同的。在阁议之中，征韩派的人数占优，而反对征韩派则落于劣势。虽说如此，最终决定权却在大臣，尤其是掌握着向天皇上奏之权的太政大臣手上。此时的太政大臣是三条实美，右大臣是岩仓具视。大久保利通一定做出了判断，认为只要掌握了这个环节，哪怕人数不占优，自己的主张也能得到推行。

大久保在文中提到的"赐书"并没有留存于世，不过三条实美在翌九日给岩仓具视写信说："与大久保之文书另附信中，烦请增补，适宜行事。"可见文书经由岩仓具视交给了大久保利通。于是，大久保利通在翌十日承诺出任参议："小臣今拜读赐书，听闻关于朝政方针之确切教示后，进退之意已判然明了。今后当谨遵上意，唯命是从，不顾谫劣，粉身碎骨亦不辞也。"与此同时，大久保利通还请求任命持有与西乡隆盛相同之主张的外务卿副岛种臣为参议。最后，大久保利通于十月十二日正式被任命为参议，副岛种臣则于翌日上任。

显示大久保决心的信函

三条实美认为，"大久保之苦虑略可想象，然西乡之决心亦甚坚定"（致岩仓具视信函，十月十二日）。实际上，大久保利通此次出任参议可谓下定了必死的决心。他认为，值此"皇国危急存亡之秋"，逃避并非"本怀"，自己应当"断然拜命当职，誓以死当此难，以报答无量天恩"，故心意为之"一决"。更何况"目前之事故，非一朝轻举之意，乃以十年甚至二十年为期之大事业"，所以"若非小子，则无他人可当其任，虽然遗憾，但决心已定"；因此，"小子将贯彻忧国之志向，汝等当各自奋发图强，正心而开知见，成为有用之人，为国尽力，以补小子之余罪"。这番话语几乎相当于大久保的遗书（收信人、日期不明；从内容判断，或为这一时期写给家人的信函）。他不仅要推翻阁议已经做出的决定，还要当面与西乡隆盛等人陷入决定性的对立。从这些文字中可以看出，对大久保来说，采取这样的行动需要一定的决心。

在此期间，西乡隆盛屡次催促三条实美召开阁议以确定遣使问题的方针，并再三施压，以免派遣自己为使的决定被推翻：

> 遣不肖为使之事宜，最初应允之后，至今频发更改决议等不信之言，如此，则令天下皆知敕命轻改。吾深信决议之事绝无动摇，然渐闻更改之说日盛，为免万一，特此相呈。（致三条实美信函，十月十一日）

最后，政府终于确定在十月十四日召开阁议。

三 "征韩论破裂"——西乡隆盛等人下野

十月十四日的阁议除患病的木户孝允之外，所有人都到场参会。也就是说，除三条实美、岩仓具视两大臣外，西乡隆盛、板垣退助、后藤象二郎、江藤新平、副岛种臣等征韩派参议，以及大久保利通、大隈重信、大木乔任等非征韩派参议共十人都出席了阁议。另外，三条实美和岩仓具视在当日上午提出了在阁议开始前先尝试说服西乡隆盛的意向，却遭到大久保利通劝阻。另外，板垣退助也提出先统合西乡隆盛之外的参议的意见，然后再让西乡隆盛加入讨论，也被西乡隆盛本人否决。

阁议迟迟不决

根据《岩仓公实记》的记载，阁议情况如下：首先岩仓具视发言，提出俄国人在桦太的暴行问题、漂流民在台湾遇害事件以及朝鲜遣使问题乃当下之重大事件，应该明确"先后缓急"再行处置，提出"当下之急务，不应仅论朝鲜遣使问题"，主张与俄国的国境纠纷问题更为紧急。西乡隆盛当场提出异议，认为所有事件都很重要，但朝鲜问题乃"隆杀皇威，关系国权之消长"的大事，不可轻视，并激烈陈词，说既然桦太为先，则请任命我为遣俄使节。对此，岩仓提出反驳，将桦太之事归于外务卿的责任范畴，认为虽然说服俄国政府、令其"断绝欲为朝鲜国援国之意"亦有必要，但这尚需时日，在此期间，政府大可以"整顿内治，以蓄外征之力"，然而西乡隆盛寸步不让。板垣退助、后藤象二郎、江藤新平、副岛种臣等人皆声援西乡隆盛，与大久保利通、大隈重信、大木乔任等人展开了激烈辩论。

此时大久保利通提出了七点意见，指出派遣使节会直接导致日朝两国开战，对日本极为不利。第一，对外战争可能诱发心怀不平之士族的叛乱；第二，战争开销会令人民陷入困苦，因此招致反抗；第三，政府财政难以负担战事开支；第四，进口军需品会导致国际收支恶化；第五，与朝鲜开战，则俄国坐收渔翁之利；第六，疏于偿还外债，会招致英国干涉；第七，当下修正条约为当务之急，调整国内体制才是重中之重。

时至傍晚，大隈重信有意离席，这再次激怒了西乡隆盛。大隈重信与伊藤博文事先已经约好了在横滨会见外国人，而西乡隆盛则在背后将他们拉住，怒称阁议如此重要，岂能因为与外国人相约而中途离开。大隈重信实在没有办法，只好发电报为不得不毁约而致歉（烟山专太郎《征韩论的真相》）。这一插曲过后，讨论继续进行，但终究没能在当天得出结论，内阁只得决定翌日继续商议。

十五日上午十时，阁议继续召开。西乡隆盛可能把事情全权委托给了别人，当天只提交了文书，并没有出席。文书的内容中全无新要素，只强调了任命西乡隆盛为遣韩使节的决定经过了阁议的正当手续，获得了天皇的批准。

阁议再度陷入分歧。大久保利通坚决反对征韩，副岛种臣、板垣退助等征韩派参议则坚持"应任用西乡氏之意"。双方都不妥协，遂决定"今后由御两人（指两大臣）裁定，参议等人退而待命"。当时大久保利通心中一定认为此事已成。只要事态发展为由大臣进行判断，结果就将十分明了。三条实美和岩仓具视的"书面"就是为了应对这种情况。

大久保提交辞呈

然而，大臣定夺的结果却完全出乎大久保的意料。三条的裁决是"西乡之进退关系实大，故不得不决定听从西乡之见解"。板垣退助和副岛种臣闻言大喜，纷纷表示"我等皆不存异议"，而大久保利通则声言自己的意见"断然不会改变"，并"决心递交辞呈"，然后离席（《大久保利通日记》十月十五日条）。西乡隆盛只提交文书但本人不出席的战术，对三条实美造成了难以承受的压力。

阁议之后，岩仓具视致歉道："至此不堪言说之事态，面目全无，长太息也。众人皆愚昧，着实惶恐至极。"（致大久保利通信函，十月十五日）三条则为岩仓具视辩解道："此事既起，因吾等之轻率，致今日之结果，其罪归于吾一身也。"大久保利通尽管在心中感到"万万不平"，但还是去信称，既然如此，"请速命我为海陆军总裁""为不留弊害于后世，吾决心拼死尽力"（十月十五日信函）。

由于担心事态走向，黑田清隆和西乡从道等人频繁出入大久保利通宅邸。阁议翌日即十六日是休息日，大久保利通似乎以围棋等消遣活动排解了忧虑。十七日，大久保利通早上八时拜访三条实美宅邸，以"奉职之目的再难达成，诚请免去当务，返还位阶"为由，递交了辞呈，但他也没有忘了另附一封信，说"若祸端骤开，则愿为兵卒，以一死报万分之一死"。木户孝允也在当天递交了辞呈，连岩仓具视亦流露出"既如此，则唯有退隐"的意愿，表示自己今日"持病困苦"，提交了为治疗疾病不再参朝的报告（致三条实美信函，十月十七日）。

三条"可怜之小胆"

三条实美被彻底孤立了。十七日当天，三条实美来到岩仓具视宅邸，"告知情由事委，对前议大感悔恨"，到十八日清晨，又派使者赴岩仓具视处，传达了"任国之大事，意见不一，难耐惶恐，深表歉意，吾将不再执事"
（岩仓具视口述概要）的意愿。之后，三条实美大病发
作，陷入了精神错乱的状态。

西乡隆盛见状，对三条实美的怯懦大为感叹。

　　闻副岛之言，条公前晚还至岩仓卿之处，回复率
领海陆军亲自征讨之意。或因可怜之小胆，终至发
病，实属遗憾。（致桐野利秋、别府晋介信函，无
日期）

而西乡隆盛的"遗憾"，对大久保利通来说，却意味
着新希望的到来。

逆转策略的计划

这天，大久保利通劝说岩仓具视奋起。岩仓具视答应
他"应断然奋起"，并对大久保利通也提出了"务必奋
发"（《大久保利通日记》十月十八日条）的要求。此时，
大久保利通脑中可能已经形成了一条秘策。十九日，他去
看望患病的三条实美之后，向黑田清隆托付了计策，称
"此上别无其他挽回之策，只此一条秘策也"（同上，十
月十九日条），他连夜致信黑田清隆做好了安排。二十日
清晨，黑田清隆联合宫内少辅吉井友实说服了宫内卿德大

寺实则，并设计令德大寺实则无暇与他人相商，直接下达任命岩仓具视代行太政大臣职的命令。

这一"秘策"似乎也有伊藤博文的参与。根据《伊藤博文传》记载，伊藤博文早在十八日夜就拜访了岩仓具视宅邸，"详陈己说"直至夜半，主张让岩仓具视摄行三条实美的太政大臣职务。木户孝允也得知了这一动向。虽然不知"秘策"是否由伊藤博文提出，但可以肯定的是，木户孝允、伊藤博文这一线也加入了此次反击。

事态继续按照计划的安排发展。二十日，天皇亲临三条实美宅邸探病，随后又到岩仓具视宅邸，亲令他摄行太政大臣职务。

至此，岩仓具视终于完全放下心来。二十二日，岩仓以"评议使节一事，务必出仕"（西乡隆盛致桐野利秋、别府晋介信函，十月二十一日）为由，召集了西乡隆盛等征韩派参议。西乡隆盛等人强烈要求按照阁议决定上奏，但岩仓具视则说与三条实美意见不同，坚决不予让步，只放言明日"参朝，奏陈两说，以仰宸断（天皇的决定）。卿等暂待敕答"。江藤新平极为愤慨，认为摄任者应该遵从原任者的意愿，"圣上虽聪明，然春秋仅二旬有余（明治天皇此时虚岁仅二十二），故国事不分大小，皆应以内阁之议定奏闻，以仰宸断"，更何况朝鲜问题这种大事更应如此。然而岩仓具视并不理睬："我非代三条其人行其职事，乃奉旨摄行太政大臣之事。余将意见并呈具奏，有何不可？"在"隆盛等辞色激昂，抗议不绝，利秋攘臂，抚剑再三回"的情况之下，岩仓具视寸步不让，大久保利通在其日记里写道，"公（岩仓具视）贯彻前议，毫不动摇，彼等无能为力，遂退出"（《大久保利通日记》十月二十三日条），表达了放心之意。

西乡隆盛遣使一事失败

二十三日，岩仓具视参朝，在"奏陈"西乡隆盛等人对朝鲜问题的看法时，还提交了意见书，请求天皇裁决。岩仓具视在意见书中做了这样的陈述。首先，在访问欧美之后，他痛感修改条约以恢复国权乃"意料之外"的难事，"功一朝一夕"难奏，因此认为关键在于"期成功于永远，而不求骤进速成，定此大目标，执不动不摇之政治，厚民力以立实效，用实力以复国权"；如今维新日浅，不应"轻图外事"，而对朝鲜"遣使之日，即决战之日"，故对西乡的建议不应采纳，等等。

于船舰之设计、兵食之具、钱货之备，以及内政百般之调理，预先定其顺序目的，而后遣使朝鲜亦不为晚。若不令完备而骤发使节，万一有事，则无以为继，更生其他患害，则追悔莫及。故此时事物不备，

而顿发使节者，臣不可信之。

因为岩仓具视上奏称现在并非派遣使节的时机，二十四日，天皇敕诏宣布："众庶同心协力，终成全国一致之治体。此时应整理国政，休养民力，期成功于永远。今汝具视奏状，特此嘉纳。"西乡隆盛等人的意图终究是失败了。

西乡隆盛离开政府

西乡隆盛与岩仓具视激烈辩论之后，已经意识到使节派遣不可能实现。他不待敕诏发出，就于二十三日以"因患胸痛，实难奉职"为由，请求辞去参议及兼任官职，并返还位阶（西乡隆盛以"平隆盛"之名叙正三位）。他在附给太政官大外史的文书中提到自己"绝无再勤之意"，可见西乡隆盛对政府彻底绝望了。此时的西乡隆盛正担任近卫都督兼陆军大将。1872 年（明治五年）七月，鹿儿岛出身的近卫兵因反对山县有朋的兵制改革而险些发起叛乱，西乡隆盛由此成为唯一的陆军元帅，代替山县有朋兼任了近卫都督。1873 年（明治六年）五月，因陆海军武官官等表修订，陆军元帅之衔被废除，西乡隆盛重新出任陆军大将。针对西乡隆盛提交的辞呈，政府听从大久保利通的意见，仅保留西乡陆军大将之衔，免去其余职务，并于二十四日受理了他的请求。

西乡隆盛下野造成的影响极大。这天，西乡隆盛的亲信武官桐野利秋也提交了辞呈，翌日，板垣退助、副岛种臣、江藤新平、后藤象二郎四参议也都提出辞职。大久保利通认为"此事不可放任"，可是，包括为了保险起见请黑田清隆去劝说的陆军少将篠原国干在内，到二十九日已有四十六人递交了辞呈（《西乡隆盛全集》解说）。在那之后，依旧陆续有人递交辞呈。

巩固政府体制

岩仓具视在提交上文所述的上奏之前，已经做好了出现辞官者的准备——"朝中必有辞官之人，世间物议亦不会少"，为了防止人心动摇，应该"迅速宣布政体改革之有无""人选登庸之事，亦应速决，方能大定人心"（致大久保利通信函，十月二十二日），令大久保利通加紧筹备官制改革。二十四日，大久保利通提出参议兼任省卿，特别是大藏、外务、海军、司法、工部五省应该迅速行事，以及废除各省大辅少辅的方案。这一方案立即得到执行，其中值得注意的是大久保提出的参议、省卿兼任制。议定国政的参议成为行政诸省长官，由此建立了将负责实际工作的官僚置于政府控制之下的体制（在大久保利通遭到暗杀后不久的 1880 年，两职再度分离，而在 1881 年的"明治十四年政变"之后，兼任制再次被采用）。

大久保利通收到伊藤博文书信，读到"西乡老将，今日政纲紊乱之忧愤，全为政府姑息所致。若无庙堂注目，此事将不成"（十月二十五日信函）一节，于是责备道"若因此事动摇，则无颜面对天下也"（致伊藤博文信函，同日），并在当天命大隈重信出任参议兼大藏卿，寺岛宗则出任参议兼外务卿，伊藤博文任参议兼工部卿，胜海舟任参议兼海军卿，并让现参议大木乔任兼任司法卿。现任参议中唯一没有兼任省卿职位的大久保利通本人则在一个多月之后新建了内务省，并亲自出任内务卿。如此一来，大久保利通便迅速巩固了西乡隆盛等人下野后的政府体制。

下野后的西乡隆盛在小梅村的深川米店越后屋别墅居住了一段时间，之后于十月二十八日出发前往横滨，十一月十日回到鹿儿岛。正如他本人所言，他再也没有成为政府官员，此后也从未踏上东京地界。

这便是"征韩论争"及"明治六年政变"事件的始末。

四 "征韩论"的谱系

这次征韩论争所争议的，并非"征韩"与否。从目前为止所分析的内容来看，不管是征韩派还是非征韩派，他们在表面的政治冲突中所关注的焦点，其实在于时机与方法。双方都没有否认征韩这一行为本身。那么，为何这场争议陷入了如此严重的僵局，导致以西乡隆盛为代表的一众要人下野呢？

笔者认为，这一对立恰好反映了与明治国家本质相关的问题。解答这一问题的关键，就在于如何理解西乡隆盛所说的"将期冀内乱之心移至外国，乃兴国之远略"（致板垣退助信函，明治六年八月十七日）。而在探讨这一点之前，我们首先要梳理构成了征韩论争之前提的日本与朝鲜的外交关系。

江户时代的日朝关系

众所周知，自江户时代以来，朝鲜就是日本的"通信之国"。按照惯例，日朝外交事务由对马藩进行中介，在设于釜山的外交设施"草梁倭馆"进行。从日本发出的书契，凡是无须回答的"小差书契"，都递交给朝鲜的礼曹参议（级别相当于外务书记官），而希望得到答复的重要"大差书契"，则递交给礼曹参判（级别相当于外务副官），所有书契都是以"日本国对马州太守拾遗平某"，也就是对马藩主为名义。那些书契上都盖有朝鲜送去的"图书"（通关印）。或许是出于和宗主国中国之间的关系，朝鲜在外交交涉方面，对触犯旧例之举极为敏感。

明治维新前的 1866 年（庆应二年）九月，美国商船舍门将军号侵入朝鲜大同江，被朝方击沉，次月，法国舰队占领朝鲜江华岛，欧美列强强迫朝鲜开国的压力由此越发高涨。幕府接到对马藩报告，决定于次年遣使调停朝鲜与美法之间的关系，并向双方传达了这一决定。但朝鲜以违背旧例为由，拒绝了遣使的提议。幕府对此不予理睬，在大政奉还后的当年十月末得到敕许，派使节从江户出发，然而使节到达京都时，戊辰战争爆发，计划中途夭折。即便如此，幕府此时的看法是，若"调停"失败，则不排除行使武力的可能（田保桥洁《近代日鲜关系的研究》）。

朝鲜方拒绝修交的理由

在幕末时期，日朝外交关系就出现了变化的迹象，王政复古之后，这一关系也不得不迎来更为根本的转变。新政府首先命令对马藩将王政复古之事通告朝鲜，同时采取了将书契上的"图书"换为新印的措施。1868 年（明治元年）十月，对马藩主宗义达对属下发出诫谕，陈述了在新政府领导下与朝鲜展开具体交涉的决定，当时还提到了若使用新印，则"恐（朝鲜会立即）提出令我为难之策略"的担忧。

同年九月末，为预先告知日本将派遣通告王政复古的大修大差使（特使）一事，对马藩朝鲜方头役川本九左卫门携带以藩主名义起草的"先问书契"前往釜山，可是早在这一预备交涉的阶段，行动就已经遇到障碍。由于诸多细节不符合惯例，朝鲜方面拒绝受理"先问书契"这一预告文书。如此一来二去，直到以对马藩家老樋口铁四郎为正使的大修大差使（即特使）到达时，事态仍毫无进展，正式的公文"大差书契"也没能被朝鲜方面所接受。此后对马藩亦多次派人商讨，而朝鲜方一概不予回应，大差使樋口无法展开行动，不得不在"倭馆"滞留到 1872 年（明治五年）。

朝鲜认为，"先问书契"的问题在于文书的署名为"日本国左近卫少将对马守平朝臣义达"，与以往不同。"大差书契"中通告了将图书（"义达"）换成新印（"平朝臣义达章"）之事，而最为重大的问题，在于文中出现了"皇""敕"等字。在东亚册封体制中，"皇""敕"是宗主国中国皇帝才能使用的文字；而"先问书契"中出现了"政权一归皇室"的描述，至于"大差书契"中，则有多处可见"皇祚连绵""皇上登极""皇上诚意"等含有"皇"字的词。朝鲜一方负责谈判的安东峻提出，使用"皇"这个禁字，定然意味着日本怀有让朝鲜臣服的阴谋（荒野泰典《近世日本与东亚》）。

外务省的朝鲜政策

直到 1870 年（明治三年）四月，日本外务省向太政官弁官（事务局）发出质问书时，日朝修交的事态仍陷于胶着之中。这一质问书根据刚刚完成"朝鲜内情探索"回国的佐田素一郎（白茅）和森山茂的见解撰写而成，体现了当时外务省的想法，因此颇为引人注目。

质问书开头明言"虽有书生空论之虞，此系佐田、森山之见解"，然后展开了以下论述。外务省内部认为，三年过去了，朝鲜依旧不接受国书，实乃"不敬之至极"，这对日本国体构成侮辱，因此"开战端之辞柄"已然充分。然而至今为止一直是由对马藩与朝鲜进行交涉，政府并未派遣敕使，因此恐不能立即开战。

其实，质问书开头提到的佐田曾向外务省建言称朝鲜国力孱弱，只需三十支大队的兵力，即可在五十日内将其征服。他的提议虽然被驳回，但外务省内部以武力令朝鲜屈服的意见甚嚣尘上，这一倾向也在质问书中有所反映。

那么，究竟该怎么做呢？质问书给出了三个选项。第一是与朝鲜绝交。然而这会一举葬送"列圣之遗烈、丰臣氏之余光、德川氏之周旋、千载之交谊"，乃令人"悲叹至极之事"。然而与其任由"岁月迁延"，或许仍应与朝鲜绝交，直至日本国力充实。第二是派遣"皇使"，即政府以木户孝允为正使，凭"军舰兵威"与朝鲜交涉，若交涉不成，"彼方不伏，则不得已而动用干戈"。这将是继"神功皇后一征之雄绩"之后的"伟业"。第三是鉴于朝鲜臣服于中国，"仅受其正朔节度"，所以向中国派遣皇使，与中国缔结"通信条约"等约定，并在归国途中进逼"朝鲜王京"。彼时"皇国与支那为比肩同等之格"，那么"朝鲜自然为礼典之下一等"。若朝鲜"不伏"，则要涉及"和战之论"，彼时既然与清朝缔结了条约，想必清朝方面也不会做出如"壬辰之役，明军援朝"一般的举动，"此所谓和远攻近之理也"。

政府认为首先应尝试第三种方法，便于翌年（1871年，明治四年）缔结了《日清修好条规》①，此时的参议木户孝允等人则强烈建议选择第二个方法。

可是，朝鲜态度依然没有改变，日本政府开始焦虑。在这一情况下，成为征韩论争契机的"朝鲜议案"就被提了出来。

幕末以来的"征韩论"

在朝鲜王朝看来，日本此举乃是对外交规则擅作变更，自然会表示反对，甚至对日本政府产生不信任感，也

---

① 即《中日修好条规》。

是难以避免之事。而且日本政府的方针一直都是一旦谈判不顺利就要出兵以实力决胜。这应该体现了在逼迫朝鲜开国这一想法的背景（有时则走向前台）下，自幕末以来的"征韩论"形成的难以磨灭的影响。

征韩论，也就是主张征讨朝鲜的论调，是黑船来航以后，鉴于日本饱受欧美压力，由幕末尊攘、讨幕派志士与幕臣为寻求代偿而提出的观点。比如桥本左内就曾提出"日本难求独立，若要独立，则须并山丹①、满洲一带，且于美利坚或印度地方持有领地，方能有望"（致村田氏寿信函，安政四年十一月二十八日），吉田松阴也说"俄美讲和一定决然，我等不应破信而失戎狄。但严章程，厚信义，以此间养蓄国力，先取易取之朝鲜、满洲、支那，以鲜满之地，补交易中失于俄国之土"（致杉梅太郎信函，安政三年四月二十四日），还在写给桂小五郎（后改名木户孝允）的信中主张"远略之着手，不若自吾藩而临朝鲜、满洲。若临朝鲜、满洲，则以竹岛（郁陵岛②）为第一落脚处。思远谋近，此乃今日一奇策也。"（安政五年二月十九日）幕臣胜海舟的日记中也有"先前河内

---

① 指黑龙江下游地区，在江户时代经由松前藩与虾夷地和库页岛的贸易为日本人所知。
② 为一火山岛，位于日本海上，距离朝鲜半岛 120 公里，面积 73.15 平方公里。是韩国庆尚北道郁陵郡的主要岛屿。

爱助持大越（大久保一翁）信函自江户来，此人云，天下有奸人，君当察知。又云，如今有谁不察此情，我亦心有所想，概其要点，乃征韩一事，及防其中之奸也"的内容（文久三年五月二十七日条）。持有这些主张的人并不仅限于桥本左内、吉田松阴和胜海舟，幕末志士及幕臣亦对此类观点广为议论。

不仅如此，宫地正人还指出，黑船来航之后，记述丰臣秀吉之"朝鲜征伐"的书籍广为刊行，"在国民间不断唤起了对日本过去之国家'荣耀'的记忆"（《幕末维新期的国家和外交》），可见这一问题并不只局限于知识分子和士族阶层，而是影响了国民各阶层的意识。

木户孝允的征韩讨论

木户孝允在征韩论争中强烈反对西乡隆盛等人的征韩论，然而他自己原本也受到吉田松阴的影响，提出过征韩的论调。比如，在 1868 年（明治元年）十二月十四日回答岩仓具视的"下问"时，他就曾提出"速定天下之方向，派遣使节至朝鲜，问其无礼。彼若不服，则鸣罪攻击，在其土大张神州之威。彼时天下陋习将焕然一变，再定目的为海外，则百艺器械等诚将踏实推进"（《木户孝允日记》），随后又在推断为 1869 年（明治二年）一月上旬写给大村益次郎的信函中写道："函馆平定之后，将海陆军务由朝廷稍行准备，单以朝廷之兵力为主，打开韩地釜山，此处原无物产金银之利益，或反蒙损失，然皇国之大方向由此可立，亿万生民之眼可为之一变，海陆诸技艺皆可因之飞跃，若他日欲兴起皇国，维持万世，除此别无他策。"

船越卫对木户孝允的这一征韩论解释道："今日动辄要与朝鲜言战，乃欲设敌国外患为口实，断行国内各种改革也。"（《明治维新之际的朝鲜论》）若浏览这一时期的征韩言论，便不难发现它们的论调都具有木户孝允的主张中所体现出的成分。

纵观历史，除幕末维新时期以外，只要处在变革时期，尤其是从分裂割据转向重新统一的时期，日本便一定会孕育出征韩论，并尝试侵略朝鲜半岛。这些原因都不在于朝鲜，而在于日本国内的情况。笔者认为，这些历史事实中含有日本人必须明确认识的各种问题。日本为何会生出这种倾向？各个时代的征韩论又有什么不同之处？笔者认为，阐明这些问题便是历史研究者的责任所在。

五　西乡隆盛的真意何在

在"朝鲜议案"举出的五个理由当中，成为征韩论争直接契机的便是《传令书》事件。这个被宣扬为辱日的事件，其真相究竟为何？

《传令书》事件究竟是什么？

在日本对朝鲜的交涉举步维艰的时候，1872 年（明治五年）九月，外务大丞花房义质与陆军中佐北村重赖、陆军大尉别府晋介一道搭乘军舰"春日"号进入倭馆，将依旧在管理倭馆的对马藩吏尽数赶走，宣布外务省接收倭馆。翌年（1873 年，明治六年），三井家的商人在外务省的后援下进入倭馆，以此处为据点展开了走私贸易。朝鲜方对此加强了管理，在"守门将屋内后壁"张贴了《传令书》，也就是成为征韩论问题焦点的文书。

在明治六年五月三十一日发往外务省的《报告书》里，驻扎于倭馆的外务省七等出仕广津弘信附上了《传令书》的抄本（下称《传令书抄本》）。然而，广津报告书中提到"朝市韩人入韩之际，束田伊良一读，并记诵全文，此处仅取大意相报"，可见报告书中的抄本并非对原文的完全复录。

另外，广津报告书在被收入《日本外交文书》时，另附的《传令书抄本》已经丢失，只有 1873 年（明治六年）外务省编撰的《再选朝鲜寻交摘要》收录了"癸酉五月（欠）日"和"癸酉十月二十九日"的两封《传令书》。

最近，姜范锡将日韩两国史料结合起来对"朝鲜议案"进行了探讨，并指出了其中的一些问题，如"朝鲜议案"中出现的《传令书》从用语来看略显奇怪，最后得出了大胆的推论，认为这份《传令书》可能是伪造之物（《征韩论政变》）。此处无法对他的推论加以详述，但笔者总体上对此很难认同。下文中关于这份文书如何在议案中得到体现的经过，才更为合理。

"朝鲜议案"中的《传令书抄本》原本由担任通词兼书记的外务省十五等出仕束田伊良"一读，并记诵全文"，从中摘取大意写成。要正确记忆将近四百字的汉文十分困难，更何况原文从一开始就有使用夸张表述的可能。笔者推测，这一抄本在传到日本，成为"辱日"的《传令书》之后，很可能还被转抄过许多次。而与此同时，《传令书抄本》的原本已经丢失了。最后，与原本较为接近的"癸酉五月（欠）日"抄本留存下来，成了"朝鲜议案"的依据。

不管怎么说，"朝鲜议案"中提出的资料，很显然具有刻意挑起对朝鲜的敌意，也就是为征韩论造势的色彩。因此可以断言，征韩论争抓住了广津报告中所谓"文中可见无礼之言，亦有年轻之人为此愤愤不平"这一好机会，是西乡隆盛等人为处理国内问题、主张征讨朝鲜而引发的事件。西乡隆盛劝说太政大臣三条实美时所说的"将期冀内乱之心移至外国，乃兴国之远略"的这一征韩论调，就如实反映了这点。

西乡的目的是士族独裁政权吗？

井上清将西乡隆盛等人的征韩论定义为"对内策略"，并进行了以下说明：西乡隆盛自1869年（明治二年）以来，在萨摩藩建立了士族独裁的军国主义藩政体制，用以反对中央政府的腐败官僚政治。然而，随着新政府逐步剥夺了武士的各种封建特权，引起武士阶层的不平和不满。为了消解士族的不平和不满，西乡一直在等待恢复封建特权，在萨摩实现士族独裁军国化的机会。井上清还这样论述道：

> 断然施行武政之秋已然到来！西乡已将拓宽士族活路，实现士族军事独裁之唯一契机定于对外战争之上。恰好台湾蛮人暴行事件①发生。……继而朝鲜"辱日事件"也发生了。台湾太小。要出征朝鲜。那样一来，日本所遭受的来自欧美的压迫似乎就能得到补偿。真乃一石二鸟，不，甚至有三鸟四鸟。"将期冀内乱之心移至外国，乃兴国之远略"所指便是如此！（《日本的军国主义》Ⅱ）

---

① 即牡丹社事件。

西乡隆盛等人的想法是：将可能爆发内乱的士族阶层纠集起来征韩，并通过这一举动实现士族军国主义。与此同时，岩仓具视和大久保利通十分担心"人民的反抗令天皇制陷入危机"，认为强化官僚制和富国强兵才是当务之急，因此反对立即征韩。假如说西乡隆盛等人企图实现的是士族军国主义，那么岩仓具视和大久保利通等人的目标就是官僚军国主义——这便是井上清的解释。

西乡隆盛等人试图树立士族军国主义，也就是士族独裁政权。井上清的这一见解不仅解释了他们在征韩论争里的立场，还解释了论争破裂后展开的士族叛乱企图，因此得到了广泛支持。

原口清对井上理论的批判

对于井上清的解释，原口清提出了批判。原口清针对"假设征韩实行论的重要根据在于防止士族叛乱，那么征韩反对论的重要根据则在于防止激增的农民起义"，亦即认为让征韩派和非征韩派分裂的最大原因在于对人民斗争的认识差异的这一论述，提出了以下的疑问。

若进入征韩实行阶段，西乡隆盛已经死去，不在人世了。那么西乡隆盛死后，又该由谁掌握征韩的指挥权，成为"断行武政"的中心人物呢？届时，推进士族军事独裁的人物不就不存在了吗？板垣退助被西乡隆盛托付了后事，西乡自己也知道他是参议中最为积极的国会开设论者。让板垣退助来完成建立士族军国主义的任务，基本没有可能。简而言之，西乡隆盛虽然对欧化主义和官僚主义怀有许多不满，但并没有就如何取代现存的国家体制提出构想（《日本近代国家的形成》）。

审视井上理论

那么，西乡隆盛所谓"期冀内乱之心"，是否可以理解为井上清所说的那些被剥夺了封建特权，从而感到不平和不满的士族的心情呢？

正如前文多次提到的那样，西乡隆盛主张建立以天皇为中心的统一国家，从这个意义上看，他支持通过废藩置县令封建领主权解体，在事实上推进了这一政策的实施。废藩置县正是令封建制度解体的最重要步骤，但为了扫清各种残存的封建因素，这一手段还要与其他各种政策相衔接，西乡隆盛对此应该非常清楚。上文已经提到，西乡隆盛在岩仓使节团出行期间担负了留守的职责，"只做废藩善后之处理"（致桂久武信函，明治四年十一月三日），但除此之外，留守政府还施行了包含三大改革在内的多项政策。

此时，西乡隆盛肩负了消解各种封建因素、推进近代化进程的责任，在这一意义上，他反而可谓士族阶层不平和不满的元凶。这样的西乡隆盛竟会将感到不平和不满的士族组织起来，企图恢复后者丧失的各种特权，实在是很不合理。倘若认为西乡所支持的征韩乃是以朝鲜方面挑起战端为理由之"对外策略"，这一论断的正确与否犹未可知，但若主张西乡所支持的征韩是一种出于针对本国形势的"对内策略"，则难以令人信服。而西乡隆盛还以"执政要路之人，应以公平至诚以推于人，不可用一事之诈谋"（西乡隆盛《意见书》）为信条，由此观之，这一理论的不合理性便更为显著了。

征韩派参议的共通性

那么，西乡隆盛所谓"期冀内乱之心"，究竟是指什么呢？在思考这一点时，方才介绍原口清对井上清的批判时提到的西乡隆盛向板垣退助托付后事一事就成了重要的线索。

以这一事实为依据，原口清试图论证西乡隆盛对日本的国家体制并无具体构想。但笔者认为，这里恰恰隐藏着关乎西乡等人之国家体制构想的关键；换言之，西乡隆盛、板垣退助，以及后藤象二郎、江藤新平、副岛种臣等人虽各有微妙的差异之处，但他们作为支持派遣西乡出使的征韩派参议互相合作，这背后的含义以及上述众人之间的共通点，正在于此。

作为与坂本龙马有联系的公议政体派中心人物，后藤象二郎在幕末维新时期展开活动，并基于与武力讨幕派的西乡隆盛等人不同的立场，参与到中央政局当中。他以左院议长的身份成为起草《国会议员规则》（虽是草案，但包含了让国会掌握租税协议权与财政审议权的构想）的中心人物，同年四月就任参议，因论争失败而下野后，与板垣退助一道，在自由民权运动中发挥了极大作用。

江藤新平曾从佐贺藩脱藩，维新以后历任文部大辅、左院副议长，并于1872年（明治五年）成为司法卿，曾主持了基于法国法律的个人主义民法起草工作，还在司法制度中废除了极刑。1873年（明治六年），江藤新平出任参议，并在下野之后，于翌年一月在民选议院设立请愿书上署名，在二月被推举为佐贺征韩党党首，与忧国党一道起兵，最后被判处死刑。

副岛种臣与大隈重信一道，曾在幕末时期跟随维贝克①学习英国文学和美国宪法等近代知识，在维新后参与了《政体书》的起草等工作，是一名有学识之士。其后，他以参议兼外务卿的身份，在琉球归属问题、玛利亚·路

---

① 奎多·维贝克（Guido Verbeck，1830—1898），荷兰传教士、教育家，幕末至明治时代在日本活动，曾于幕府在长崎开设的英语传习所和佐贺藩蕃学稽古所任教，对明治维新颇有影响。

斯号事件①以及与清朝的交涉上发挥作用，在下野后虽然没有加入后来的民权运动，但在民选议院设立请愿书上署了名。

也就是说，这些与西乡隆盛共同行动的参议，后来或是成为自由民权运动的中心人物，或是与之有着某种关系。

士族叛乱派与民权派的合作

若用对征韩论争中的征韩派和士族叛乱派的常规认识来审视这种合作关系，我们难免会感到不可思议。因为常规的理解认为，征韩派是为了恢复幕藩体制下的各种封建特权、实现士族独裁才主张征韩，并在征韩失败后发起了内乱的封建反动势力；与之相对的是，民权派是主张开设国会，实现立宪主义的革新势力，两者之间应该水火不容。

但在实际上，征韩与民权两派却选择了联手。这就体现出了征韩论争中的争议点的本质：如果只是寥寥几名政府官僚，那么思想不同的人"私下联手"也并非不可能。然而，这种合作关系甚至波及了一般士族阶层。大量民权派士族参与士族叛乱之中，就是一个佐证。

---

① 1872 年（明治五年），日本政府将停泊在日本横滨港的玛丽亚·路斯号（船籍秘鲁）上的中国苦力认定为奴隶，并予以解放。日本在此次事件中首次成为国际审判当事方。

参加西南战争的诸路人马

《自由党史》记录了西南战争中"宫崎八郎先加入爱国者之盟，后于肥后起义，越智彦四郎、建部小四郎等于福冈起义，增田宗太郎等于中津起义，曾经首倡民权之小仓处平归饫肥后投奔西军"等民权派的参战情况。

此处记载的以宫崎八郎为中心的熊本民权党在1875年（明治八年）于该县北部建立了植木中学，并以此处为中心集结力量，四处进行游说活动，在九州各县普及民权思想。此外，民权党还在熊本县内展开了设立县民会的运动，指导高喊"讨伐户长①"口号的农民展开区户长公选运动。这一民权党势力响应西乡隆盛起兵的举动，作为协同部队独自编成一支队伍参战。他们按照民权派的方法，选举出了队长、半队长、分队长、参谋等指挥人员，又在转战中宣传自治，在指导过农民运动的熊本县北部山鹿町、植木村进行了人民总代②的普选。福泽谕吉的远亲增田宗太郎在西南战争爆发之前一直从事农民运动，他后来也加入中津队参战。

与此同时，熊本士族的主力则组成熊本队参加战

---

① 明治时代早期日本的村一级行政负责人，相当于村长，其上设有小区、大区等区划等级。
② 即民众的总代表。

斗。他们原本被称为学校党，是旧幕府时代把持藩政的保守派，素来与民权党对立。因此在西南战争中，两方虽未曾一同行军，但都加入了西乡隆盛的萨摩军，随之转战。

这些事实究竟要如何理解？政府采取了警戒态势，担心四国的民权派结社以土佐的立志社为中心，加入西乡隆盛一方共同起兵。在这一局面当中，固然存在部分民权派势力在思想上尚未成熟，故因西乡起兵而轻举妄动的情况，但这显然无法为这一现象提供解释。

共享打倒目标

此处有一则具有提示性的事实。西南战争爆发前不久，熊本民权派的松山守善向上文提及的宫崎八郎询问："你常念西乡如何如何，然西乡乃帝国武断主义者，与你主义理想并不相容，你又有何感想？"宫崎八郎回答："此言属实，然若不依从西乡，则无从打倒政府，故只得先借西乡之力令政府崩坏，再与西乡进行主义之战。"（《松山守善自叙传》）此处提到了宫崎八郎希望打倒的目标与西乡隆盛一致。也就是说，双方自觉主义与理想不同，但还是选择了共同行动。

那么，要打倒的敌人也就是政府又当如何？相传宫崎八郎等人二月二十日在保田洼神社歃血为盟时，进行了如下叙述：

> 我等虽不肖，亦为皇国之一民。义，不共戴天。愿与诸君同心协力，上以扫除奸臣，下以救百姓于涂炭，内以保全民权，外以扩张国权，广传皇威于宇内万邦，终穷天壤。诸君，请勤于此志！（宫崎滔天《熊本协同队》）

宫崎八郎希望打倒的"政府"本质上是所谓的奸臣，也就是奸臣所掌控的政府。这种以打倒奸臣政府为目标的主张和意志，并非宫崎八郎独有，而是士族叛乱派和自由民权派共通的理念，这点非常重要。

请愿书和檄文中透露的逻辑

1874 年（明治七年）一月七日的《民选议院设立请愿书》是自由民权运动的出发点，该文书的附文开头部分曾这样写道：

> 臣等伏察方今政权之所归，上不在帝室，下不在人民，而独归有司。其有司也，上不言帝室之尊，令帝室渐失尊荣。下不保民生安乐，而令政令百端，朝出暮改，政刑成于私情，赏罚出自爱憎。言路壅蔽，

西乡隆盛：通往西南战争的道路

困苦不告。（《自由党史》）

文章批判了有司对政权的掌控，这一批判的特征在于利用帝室（天皇）与人民从两方面进行夹击。这一逻辑频繁出现在士族叛乱的檄文中。例如在这份请愿书提出不久后发生的佐贺之乱中，起事者就曾扬言"客岁庙谟，尽决征韩。天下闻之，无不奋起。已然如此，仍有二三大臣，主张偷安之说，壅闭圣明，终令其议沮息。（中略）上为圣上，下为亿兆，敢不顾万死，誓雪此大辱"（《决战之议》）。1876 年（明治九年）的"萩之乱"中，叛乱者又提到"维新以来，小人在位，擅掌国权，忠义之士无以忍耐（中略）谄媚贼吏，妨害忠义之路，则不得不战"（《宣战之檄》）。西南战争中的熊本队也提出"奸臣擅政，赖外国以胁制国内，损国体以媚彼意，苛敛四民以适彼欲"（《檄》），中津队也提出"方今官吏之徒，上恼天子宸禁，下不顾人民苦情，逞私意而极尽苛敛，残忍苛刻至极"（《告西丰人民书》）。另外，1878 年（明治十一年）五月纪尾井坂暗杀大久保利通事件中，行凶者也提到了"今熟察我皇国之时状，凡政令法度，上不出天皇陛下之圣旨，下不由众庶人民公议，独在要路官吏数人臆断专决"（岛田一郎《斩奸状》）。

简而言之，上述言论批判的是"要路官吏数人"或

"政府二三大吏"（中津队之《檄》），也就是"有司"事实上掌握权力，不仅无视人民意愿，连天皇的意思都予以忽略，导致"奸吏窃位，赏罚出爱憎，政令极姑息，苟且偷安，外失国际权力，内呈末世之兆"（《协同队举兵之主旨》）。此外，神风连①还对"禁讳我国固有之刀剑，暗中怂恿邪教②蔓延，终将神皇之国土卖于彼"提出了抗议（神风连之《檄》）。

由此可见，士族叛乱派和民权派要打倒的对象，都是这个有司专制。这在征韩论争中也被视为征韩派所要打倒的统治形态，并构成了在最后令征韩派在政争中落败之权力本身。

使团出访期间情况如何

如上所述，这个有司专制体制是在版籍奉还后的1869年（明治二年）八月，作为凌驾于政府诸职权之上，独占国家意志之决定与执行权以及政府人事的统治集团而成立的。若问这一制度在这之后是否稳定维持了下来，答案固然是否定的，但在政局的决定性阶段，这一体制确实

①　熊本士族势力"敬神党"的别称，其成员深受国学与神道思想影响，对明治政府怀有强烈不满。神风连曾在1876年（明治九年）发起反对废刀令等新政的武装暴动，但被新政府军镇压。

②　指基督教。

一直在行使最终决定权。可以认为，即使在岩仓具视和大久保利通这些中心人物长期出访的情况下，有司专制的局面也借助《约定书》大体得到了维持。

如前文所述，留守政府在实施重大改革时，几乎没有与使节团发生对立。这恐怕是因为路线已经事先定好，同时践行实务的官僚组织也已经形成。当然，由于通信手段等物理限制，改革推行期间发生过一定的龃龉。田中彰将留守政府陆续实施的六十种改革的公函通过东线与西线两条路线同时发往使节团，然而公函抵达需要一至两个月，并且宥于邮船日程的限制，收信人无法按发信顺序接收，导致留守政府与使节团的交流受到阻碍，而需要立刻展开的改革往往只能在推行后得到事后承认。比如改用阳历，将旧历明治五年十二月三日改为明治六年 1 月 1 日的政策就令使节团困惑不已（《岩仓使节团》）。

留守政府的官制改革

然而，在岩仓具视和大久保利通等人出访期间，发生了有可能令这个体制陷入危机的情况。这一情况还联系到征韩论争的过程，在此将予以简单介绍。那就是 1873 年（明治六年）五月的官制改革。

问题的起因在于留守政府内的大藏省与其余各省，尤其是司法省（江藤新平任司法卿）和文部省（大木乔任

任文部卿）之间的矛盾因预算编列问题而趋于激化。太
政大臣三条实美先在四月任命后藤象二郎、江藤新平和大
木乔任为参议，然后在五月实行了官制改革，其要点在于
将权力集中到由大臣和参议组成的正院，以及扩大参议
职权。

作为结果，大久保利通管辖的大藏省的职责被大幅移
交到正院，使得大藏省的权限缩小。井上馨、涩泽荣一正
是在此时怒而辞职。此外，参议被定义为"内阁"成员，
是由天皇特别任命，负责"议判"各项立法和行政事务
是否正确的职位。这一修正违反了《约定书》中关于不
擅自进行制度变更和人事变动的内容，因此开拓使次官黑
田清隆对此大为愤慨，要求删除自己在《约定书》上的
署名。

三条实美想必也认为有必要就此事做出解释。他对岩
仓具视说，这次太政官制的"润饰"（指小幅修正）是因
为各省间矛盾激化，"会计上几乎停滞"，令政府呈现出
"瓦解之势"，才不得不加以施行，"实为一时之处置，非
万全之义也"，使节团归国后"若不行订正，则无以为
继"。另外，他还就井上辞职后由大隈重信接任大藏事务
总理一事，知会岩仓（致岩仓具视信函，明治六年五月
［欠］日）。然而，这次改革并非"润饰"，而是一次根本
性的改动。

"危机"的本质是什么？

笔者认为，此处有可能构成有司专制之危机的变动，首先在于对天皇上奏的程序的变动，亦即要求为上呈天皇之奏疏制作正本与副本，正本由内阁议官联名盖章之后交与太政大臣盖上"钤印"，再上奏天皇请求允裁。换言之，现在上奏天皇必须要在通过"内阁议官"，亦即参议联名盖章认可之后才能实现。

有司专制要想维持实际运转，拥有天皇上奏权的太政大臣就一定不能沦为诸参议之意见（阁议）的附属品。参议的人员构成必然会反映各派势力的力量平衡，所以，当政府施政触及自己所代表的势力的利益时，参议们就无法有效制定具有一贯性的政策。因此，关乎国家政策的决策必须由包含太政大臣在内的有司来实行，并通过太政大臣的上奏获得天皇裁决，这样的程序才是有司专制的保障。然而，一旦上奏需要参议联名盖章，拥有上奏权的太政大臣就必然会成为内阁的附属之物。这样一来，有司专制便必然瓦解。

这场官制改革明显含有针对有司专制的内容。权力向正院集中，也就意味着大藏省权限的缩小。在岩仓具视和大久保利通出访期间，让留守政府贯彻有司专制的保障就是《约定书》，然而在实务执行层面，有司专制主要还是以大藏省为据点。这是因为如上文所述，大久保利通在废藩置县不久后，成功将最主要的内政事务集中到自己主导的大藏省管辖之下，并招揽了许多能力优秀的实务派官僚加入大藏省。以江藤新平为首的司法省等机构对大藏省的反抗，实际应该视为对有司专制的反抗。后来，留守政府成功缩小了大藏省的权力，并赶走了执掌省务的核心人物井上馨和涩泽荣一。

正因如此，大久保利通在回到日本后，并没有马上到政府出仕。然而，官制改革中让参议实际参与上奏天皇之程序的新安排有一个弱点，就是参议的意见若处于分裂状态，就无法完成盖章。总而言之，这一上奏制度最终没有取得任何效果，就无疾而终了。而深谙上奏权意义的大久保利通等人，在这个决定性的瞬间取得了胜利。

这样梳理下来，对征韩派参议来说，上文提到的"期冀内乱之心"实则出于因自己被排挤在国家政策制定过程之外而产生的不满，因此必须将其理解为对有司专制的敌意。至于西乡隆盛，应该是在此之上又添加了一层对天皇亲政的期待之意。众所周知，西乡隆盛对于宫廷的近代化起到了很大作用，史料中也不乏他对天皇表达亲近感的逸事。据说，从1873年（明治六年）四月末日开始，在千叶举行的为期三天的近卫兵大演习中，西乡隆盛曾彻夜冒雨护卫天皇的军帐。或许，此时的西乡隆盛一方面遭受来自旧主岛津久光持续不断的攻击，另一方面又被派去处理近卫兵当中因排斥山县有朋而出现的骚动迹象，正处在焦头烂额之际，他因此发觉国家的运转与自己的意志不再相关，开始感到不快。在此基础之上，西乡还对天皇被排除在国家决策过程之外的现状心怀不满，这令他最终走上了对抗有司专制的道路。

"西乡隆盛是和平交涉论者"一说

那么，征韩又如何能够打破有司专制呢？在论述这个问题之前，还有另一个问题需要进行探讨，那就是"暴杀使节"这一设想是否真的能成立。因为有的说法认为，西乡隆盛实际是想前往朝鲜进行和平交涉，所谓"暴杀使节"并非西乡隆盛的真意。

毛利敏彦是这样论述的：通常来说，西乡隆盛主张立即征韩的依据就是他写给板垣退助的几封信函，但西乡隆盛之所以提出自己作为使节遭到暴杀，从而引致开战这一设想，是因为他要排除更可能被任命为使节的外务卿副岛种臣，让自己成为使节，从而反过来利用了板垣退助的征韩论倾向，并非出于他的本意。西乡隆盛的本意散见于所写的那些信函中，比如认为"开兵端"与一开始的"意愿"相反，并且容易生成"将来"的"故障"，因此应加以避免（七月二十九日信函）；再比如应该带着"全无战意（中略）往邻国宣示厚交之意"的意图派遣使节（八月十七日信函）。毛利敏彦认为，十月十五日的《始末书》的内容才是西乡隆盛公开表明的主张。在这里，西乡明确表示应"公开派遣使节""务必贯彻厚交友谊之意"，并根据对方的回应，"明判是非曲直，此乃肝要"，可见他的意图是通过交涉实现两国修交（《明治六年政变研究》《明治六年政变》）。

对毛利敏彦之说的疑问

然而，十月十五日西乡隆盛本人并未出席阁议，只是提交了上述《始末书》，这是否需要得到另外的解释呢？如上文所述，十月十五日正值三条实美得出结论当天，西乡隆盛以三条已在八月十七日的阁议上对派遣西乡出使一事"表示赞同，因之……已内定矣"为由向他施压，此时阐述派遣使节的必要性并不是他的重点所在。在前一天的阁议上，他已与大久保利通等人就此事有过激烈辩论，没有必要在此处重申己见。所以，这份《始末书》中没有出现暴杀使节的说法，其实一点都不奇怪。

不过，西乡隆盛不仅不赞同一开始就出兵，甚至不赞同使节携护卫兵出行的理由是什么？西乡隆盛认为，"我方虽有讨伐之道理，然种种事由皆须辩解，否则天下之人更对此无所察知"（致板垣退助信函，八月十七日）。简而言之，就是需要一个道义上的理由让国内外都意识到日本向朝鲜举兵乃正当行为，并无牵强之处。包含《传令书》在内，朝鲜议案中提示的各项事实虽然能够成为举兵的依据，但若要对其一一加以"辩解"，还是不太合适。因此他主张日方需要掌握一个可以为大众所周知的正当名义，并以此为目的派遣使团。

这个战术对西乡隆盛来说并不新鲜，他在"蛤御门之变"时便曾对其加以利用。在探讨如何处置包围京都胁迫朝廷的长州军时，西乡隆盛就曾提议向长州军发出对方不可能答应的通告，声明携兵器逼迫朝廷乃逾越臣子本分的不逊之举，要求对方立即回撤，"若长州暴反，则朝廷可明记罪状，敕令各藩征讨，如此则名正言顺"云云（致大久保信函，元治元年七月四日），这与他遣使朝鲜的盘算如出一辙。所以，派遣使节进行"和平"交涉，只是为了给后续的战事开路，对此不能孤立看待。

"暴杀使节"的可能性

接下来的问题便在于，使节究竟会不会遭到"暴杀"。岩仓具视在十月二十三日对天皇的上奏中明确阐述了"遣使之日即决战之日"，其中全然不见否定西乡隆盛暴杀使节论的论调。我们因此可以认为，整个政府已经形成了一种共识，即只要派遣使节，朝鲜方就会做出如此强烈的反应。

如上节所述，考虑到这一期间的两国紧张关系，那种想法应该是理所当然。无论西乡隆盛如何坚称和平出使、不携军队，他都是作为天皇的敕使，携带国书（敕书）前往"朝鲜王京"的。对朝鲜来说，那是绝对不会被允许的"暴举"。此举极有可能激怒朝鲜政府，以至于促使朝方将他暴杀。应该说，西乡隆盛的设想具有极高的可行性。

西乡隆盛拿到了他拜托陆军少佐别府晋介送来的手枪，并于九月十二日写下了一封向他致谢的信函。信中提到，先前曾与别府晋介一道前往朝鲜视察的陆军中佐北村重赖（土佐藩出身）向他提出，以使节身份出发前往朝鲜时，"务必带我一同前往"，还写道"若土州亦死一人，则后事顺畅""此时乃率先奋发之播种时刻，将于后事大派用场"。看到这样的文字，可以推断出西乡隆盛的意图在于，就算朝鲜没有将他暴杀，他也打算亲自引起这一事端，并未想过要活着回来。那把手枪想必也并非防身之用，而是引导他走向死亡的道具罢了。

西乡隆盛期待的究竟是什么？

那么，西乡隆盛究竟期待自己死后的事态如何发展呢？下野之后，西乡隆盛始终对这个问题保持沉默，故以下内容仅为笔者的臆断。

岩仓具视虽然说"遣使之日即决战之日"，但派遣使节本身就要求日本政府与国民下定决心并保持紧张状态。政府与国民想必会歌颂敕使西乡隆盛亲赴死地的决心，并目送他离开。然后是死。日本认为如今乃是奋起谴责朝鲜罪行之时，因此举兵讨伐。在这个过程中，日本的民族主义情绪将一举得到激发——西乡隆盛心里这样设想。

到此为止的发展都在可以预想的范围之内，只要西乡隆盛成功受命出使，这种情况是必然出现的。或许，西乡隆盛还期待民族主义情绪最终集中于天皇这个核心之上，由此令天皇的地位得到实实在在的提高，从而打破"有司专制"，实现天皇亲政。

那么，西乡隆盛所构思的天皇亲政，究竟是一种什么样的形态呢？笔者认为，他心里虽然已明确了应该打倒的对象，却还没有对新树立的体制建立明确的构想。可以肯定的是，西乡隆盛曾经表示过对立宪制的认同，那么，他所期待的或许是一种在一定程度上容纳了立宪制形态的天皇专制吧。西乡隆盛可能并未完整思考过这件事，或许也不打算进行全盘的思考。对于自己死后的政治进程，他的想法应该是更为模糊的。他可能认为，就算实现手段和实现过程不明确，最重要的还是采取行动，从而带来转机。

上文提到，原口清在对井上清的批判中指出"西乡隆盛一死，（他的政治运动）岂不是失去了领导人物"，井上清对此的回答是，就算西乡隆盛自己无法指导新政，他也期待"征韩大战争"能够为政治局势带来转机（《西乡隆盛》下）。笔者认为西乡隆盛希望的是克服"有司专制"，在容许立宪制这一形态的同时，建立一种无限接近于天皇专制的国家形态（参照本书终章）。因此，笔者虽然在西乡隆盛对政治形态之理解的问题上与井上清存在分歧，但对于西乡隆盛行动的意义，笔者却与他持有相同的见解。

对于征韩派一众参议的思虑，若参考下文所载之大隈重信后来对板垣等人的评价，便不难发现笔者的推测是颇为合理的。

大隈重信对征韩论事件的观察如下："彼等仅以'征韩论'为口实，凭'征韩'之一大事变，以图各自隐秘之意志"；江藤新平与后藤象二郎希望"构事于外，以打破萨长之权力，改藩阀政府为国民政府"，板垣退助则"愤慨于权力之偏在，欲予矫正"（《大隈伯昔日谭》）。

这里的萨长藩阀政府一词，不如说道出了内阁制以及明治宪法体制成立之后以对官僚人事供应体系的把持为基础而形成的权力结构的本质，佐贺藩出身的大隈重信将这一现实投射到以前的时代，故有这样的表述。但征韩论争时期政府权力的本质正如上文多次论述的那样，应该被称为有司专制。如此一来，板垣退助的所谓"权力之偏在"，也可以认为是指代了同样的现象。大隈重信认为，继有司专制之后，江藤新平和后藤象二郎希望建设的是由国民统治的国家体制。大隈重信并没有提及板垣退助的目标，但那与前两人的目标相差应该不大。

他们一定与西乡隆盛一样，对于举兵"征韩"之后要如何实现自己所希望的国家形态，并没有进行过具体的设想。另外，江藤新平和后藤象二郎等人是否将征韩论当成了打破有司专制的唯一方法，这点还需要另外进行探讨。

不过可以确定的是，他们身在明治政府的权力机构之中，却无法切实感受到行使权力的感觉，便将这种焦急和不甘的原因归结到了"有司专制"之上。同时，正因为有司专制将天皇控制于掌中，他们才无法直接对其拔刀相向，而是将矛头转向了朝鲜。他们各自描绘着新国家的形态，并期待"征韩"能够帮助自己的国家体制构想得到实现。因此应运而生的便是日本近代史上的一个重要问题，即以"征韩"为手段应对国内的政治诉求（这一时期对于国家体制的各种构想将在终章予以介绍）。

第四章　西南战争

一　长年沉睡的一手史料

1988 年三月，笔者在位于东京目黑区的防卫厅防卫研究所图书馆查看西南战争相关史料时，突然注意到"风船①炮弹"这几个文字。那一瞬间，笔者脑中突然闪过太平洋战争期间用和纸制成气球、将炸弹运到美国的武器，顿时怀疑自己是否看走了眼。但是那份史料上确确实实写着"申请采购风船炮弹药贰仟发"的字样。

展开一读，笔者发现了以下事实：早在 1872 年（明治五年），日本就以一发 1 美元 46.008 美分的价格采购过"克虏伯制风船炮弹药"（具体数量不明）。而在萨摩军在最激烈的田原坂之战中败走两周后的四月上旬，熊本向海

---

①　即气球。

军兵器局发出委托，请后者将那些"风船炮弹"全部运送过来。根据这一委托兵器局在四月九日将"风船炮弹"全部送回长崎。后来前线的需求又有所追加，兵器局副长末川久敬（海军少佐）便向海军大辅代理中牟田仓之助（海军少将）提出了新采购两千发炮弹的申请，还留下了上文提到的申请书。翌日，这份申请得到批准，另批费用进行了采购。

这个"风船炮弹"究竟是何物，具体情况不得而知。再查看防卫研究所图书馆的史料，就会发现除了早有所闻的武器之外，还出现了"轻气球""地雷""水雷""火箭"等新武器。对政府来说，西南战争堪称一个为近代战争进行军事技术研发的契机。这令笔者看到了西南战争此前不为人知的另一个侧面。

西南战争相关史料的所在

1986 年夏天，为编撰熊本县玉名郡玉东町的町史，笔者第一次来到防卫研究所图书馆。玉东町与西南战争中交战最为激烈的田原坂战场接壤，是政府军战斗司令部之一、木叶本营的所在地（"风船炮弹"的采购申请即来自这一本营）。西南战争在町史中地位极为重要，而笔者则负责搜集与之相关的史料。

西南战争战时和战后的地方政府相关史料都收藏在各

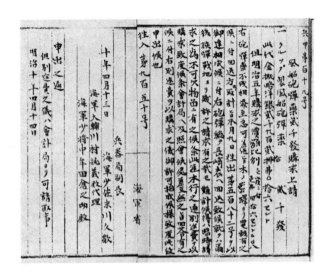

采购"风船炮弹"的文书（《明治十年公文备考》），
防卫研究所图书馆藏

县图书馆中。熊本县的熊本县立图书馆（《熊本县公文类
纂》）与宫崎县的宫崎县立图书馆（《古公文书》）都保
存了数量庞大的文书史料。其中有许多让人兴味颇深的资
料，比如遭受战火的村庄报告，请求战后补偿的申请书，
等等。此外，西南战争期间，天皇身在京都，所以和行在
所相关的资料全都收藏在京都府县立综合资料馆（《政
典》）中。另外还有个人日记类资料，里面收录了公文书
中不会体现的，充满血腥的战争证词。

　　问题在于军队的相关史料。熊本镇台的史料后来被第
六师团继承，在日本于第二次世界大战战败时遭到烧毁，

唯有碰巧借出的资料幸免于难，目前被保存在熊本市立博物馆，但其中并没有与军队编制和军政相关的重要资料。连编撰了《新编西南战争史》的陆上自卫队北熊本驻屯地也只找到了陆军伍长的《从军记》等资料。

笔者经过多方调查，来到了防卫研究所图书馆，发现里面的资料于质于量都超出了预期。这里除了陆军省、海军省以外，还有陆军事务所（设于京都行在所）、征讨参谋部、军团本营、第一到第四旅团、别动第一到第五旅团，新选旅团与军团裁判所的史料，合计三百数十册，是与军队编制、指挥命令系统、情报收集相关的关键史料群。这些基本上都是原始史料，从体系性来看，也堪称一级史料群。二战前的陆海军相关史料大多在日本战败时遭到烧毁或散佚，残存史料又被美军收缴，保存在美国国务院档案部。这些资料在 1958 年归还日本，可以进行阅览，其中就包含了西南战争的相关史料。顺带一提，上文提到的"风船炮弹"，便见于海军省的公文书中。

未被使用的一手史料群

可是，这些一级史料至今无人问津，可谓陷入了长眠。除了西乡从宏在编写祖父的传记《元帅西乡从道传》时使用了其中部分史料之外，就笔者寡闻所见，尚未发现其他使用这些资料的例子。这恐怕是因为西南战争这一主题对研究者来说从来都不具有什么吸引力吧。这可能是因为人们普遍认为，以西南战争为顶点的士族叛乱是封建反动派的运动，不过是一种开历史倒车的行为而已。

然而，上文提到的"新兵器"等新发现，从军事史角度来说却很引人注目。此外，请求战后补偿的申请书中也详细记载了被烧毁房屋的平面图等信息，从社会史角度来看也让人很感兴趣。以《东京日日新闻》为代表的战争报道在新闻学史上也具有划时代的意义。西南战争还存在广阔的研究空间，但此处笔者要做的仅限于提出课题。

二 无"名义"的暴动与民众的悲剧

征韩论争之后，西乡隆盛迅速回到鹿儿岛本县，陆军少将桐野利秋、近卫局长官陆军少将篠原国干等众多陆海军人也随其返乡。其中许多人的辞职申请未被批准，而是以"非役"（休假）的名义离岗，因此工资还会照常发放，然而包含西乡隆盛在内的许多人都把工资返还，表达了反抗之意。西乡隆盛为以这些离岗军人为代表的县内士族设立了私学校、赏典学校和吉野开垦社，开讲救济之道。在这当中，私学校由收容了篠原国干手下的五六百名旧近卫步兵组成的枪队学校，以及收容了村田新八手下二百名旧藩炮队出身之人组成的炮队学校合并而成，除进行军事训练之外，还讲习汉学等学问。赏典学校以西乡隆盛的二千石、大山县令的八百石、桐野利秋的二百石，以及一开始大久保利通的一千八百石赏典禄（戊辰战争的战功奖赏）为经费设立，这里除了教授汉学，还有外国教师开设的英语、法语课程。吉野开垦社收容了原陆军教导团（下士官学校）的约一百五十名学生，白天进行原野开垦活动，夜间则讲习学问（《西乡隆盛全集》第三卷解说）。

对士族叛乱的反应

西乡隆盛亲自下地开垦，不时到白鸟温泉或日当山温泉疗养，闲暇时带着爱犬进行自己最喜欢的狩猎活动。1874 年（明治七年）二月，江藤新平发起叛乱时，他不遵受命镇压叛乱的岛津久光指挥，也拒绝了潜入鹿儿岛的江藤新平的求援。1875 年（明治八年）九月，西乡隆盛得知政府主动挑起江华岛事件胁迫朝鲜，顿感愤慨："此无道之举，只起于恃强凌弱之心""或为搪塞桦太①纷议，或忧心政府瓦解之势，然无计可施，便匆匆开此战端，以迷惑国内之群情，两者皆出于术策""遗憾万千"（致篠

---

① 指库页岛。1875 年日俄签订《桦太千岛交换条约》，日方放弃对库页岛南半部的领土主张以换取千岛群岛引起争议。

原冬一郎信函，明治八年十月八日）。无论是"开此战端，以迷惑国内之群情"还是"皆出于术策"，都与西乡隆盛的征韩论没有多大差别，但他想必不认同这种在缺乏正当名义的情况下派兵发难的策略吧。但尽管如此，他也没有采取任何行动。

1876 年（明治九年）十月二十四日，在熊本发生了神风连袭击熊本镇台等地的事件，福冈县的前秋月藩士也呼应此举，于二十七日起兵，翌日，前原一诚等人率领的山口县士族也随之起兵。西乡隆盛当时在日当山温泉疗养，通过前来请他协助"联络"反叛士族的两名肥后警察得知了这一消息。

西乡在写给桂久武的信函中提到"两三日以来，难得获知愉快之报"，虽然这只是基于"恐大坂一带将落入其手"这一不确切情报进行的推测，但这句话还是体现了西乡隆盛的心情，对我们理解以下这段话带来了极大参考。

　　（士族原本）定天长节为期，然不及时机之变化而先行。若以天长节为期，则江户必有准备也。为避此难，还当另择日期，见机行事。（明治九年十一月信函）

由于三场叛乱都在明治天皇生日即十一月三日前后发

生，西乡隆盛便擅自推测，认为叛乱士族特意将起兵日期定为天长节，然后抢先行事。然而对发起叛乱的神风连来说，所谓天长节并不在计划的考虑范围之内，后面接连发起的叛乱也并没有把日期定在天长节。这完全是西乡隆盛个人的误解，或者说事后附会上去的意义。

自幕末以来，西乡隆盛一直都为自己的行为寻求动机或者正当性依据，以及基于天皇意志的正当名义。因此对他来说，针对政府的武力行动，必须是在体察天皇御意的基础之上发起的行动。若非如此，那就成了单纯的叛乱。此外，西乡隆盛还有所预感，如果能够师出有名，届时他自己也会发起行动。他写给桂久武的信中就提到了"一旦行动，则要内含惊动天下之事"。

沦为师出无名的"叛乱"

翌年（1877 年，明治十年），西乡隆盛终于起事。众所周知，西乡隆盛举兵的契机在于私学校学生的"暴动"。这年一月底，私学校学生强夺了从鹿儿岛运往大阪的武器弹药，使得西乡隆盛不得不行动起来，于是西乡在二月十五日以质询政府为由起兵。

尽管西乡隆盛确实有起事之意，但他却没有夺取权力或再次成为政府要员的意图。他三次试图寻死，却没有死成。岛津齐彬去世之时，他殉死未果；后在月照与锦江湾投水，却自行苏醒；第三次意图以敕使身份在朝鲜遭到"暴杀"，却没有成行。现在，他所期望的正是以新的名义赴死。他起事之日，正是最后一次选择死亡之时。

然而，起兵之后的实际事态对他来说却是一出完全不符合自己本意的不幸故事。西乡隆盛最终发起的是一场没有正当名义的"叛乱"。他在人生的最后时刻，不得不放弃一直以来基于名义而行动的态度，结果令私学校学生和各地响应西乡隆盛而发起的士族叛乱，全都变成了师出无名的叛乱。

对西乡隆盛来说，有效的名义必须能为行动提供可以昭告于世的依据和正当性，而反政府行动除了基于天皇意志这一名义之外，再无正当化的依据可言。尽管如此，西乡隆盛还是无法亲自向天下公开此次起兵的目的，只能筹划让县令大山纲良等县政府人员代为起草《质询政府之因由》一文，同时利用中原尚雄警部等人真伪难辨的所谓西乡隆盛暗杀计划引起遐想，炮制起兵的借口而已。那篇寄给熊本镇台司令长官的文章内容如下：

在下等人，先前请赐闲暇，以非役之身归县，今欲质询政府，不日将从当地启程，特奉此书。因旧军队之人随行甚众，为免人民动摇，更请多加保护。

文中丝毫没有提到起兵的理由。福泽谕吉在撰写《丁丑公论》时，虽然对西乡隆盛表示了同情，但他也不得不在此书头注中批判，即便暗杀西乡的计划确为事实，"亦不足为举兵之主动机"。福泽谕吉还在下文中写道："若要举兵对抗政府，第一应列述萨人之人民权利，以责当今政府之压制无状。暗杀之流，不言亦可。"

想必福泽谕吉也有他自身的想法。笔者认为，西乡隆盛应该是想做出这样的宣言：国家被有司专制所把持，无论天皇的意志还是人民的公论，都无法反映在国家政策之中，此乃政治腐败的根源。而有司专制利用天皇的行为，尤其不可原谅。若时值天长节，那么他完全可以高举这一宣言而举兵。仅凭"质询政府"这一借口未免过于无力，难以体现西乡隆盛的真实意愿。最终，西南战争的性质只能局限于不平士族的叛乱，这就是西乡隆盛的不幸与悲剧性所在。

民众悲剧的记录

这场战争沦为师出无名的叛乱，固然是西乡隆盛的悲剧。但对士兵和徒遭战祸之苦的民众来说，这场战争又是另一个意义上的、更大的悲剧。参加西南战争的官军、萨摩军与诸队士兵，以及战场地区民众留下了大量日记和记录，其中有许多打动人心之处。例如岐阜人三轮民弥以别动第二旅团士兵的身份从军，在怀中日记《鹿儿岛战争日记》中逐一记下了每日死者和伤者的姓名。但他在日记中写道，自己很快就无法记录全员名单了。此外，熊本县玉名郡的农民五野保万也在《万日志账簿》中写道：官军前来征用军夫，于是全村人抽签，他被抽中了。看到士兵们在眼前死去，他在不断埋葬死者的过程中实在是惊恐不已，最后终于下定决心从军中逃离。

我们再来看看在沦为战场的熊本，当地士族和乡士留下的记录。

鹿儿岛私学校一方的部队开始北上的二月，熊本遭遇五十年一遇的大雪，城下①陷入大混乱，市内民众都开始投靠亲朋，疏散出城。十八日，熊本镇台鸣炮催促市民离开，翌十九日在市内各处放火。此时熊本镇台军队驻守的熊本城天守阁也意外起火。阿苏郡尾下村（今高森町）的乡士甲斐有雄为给过路之人指明道路，在广阔的阿苏外轮山一带树立了约两千座石路标，还在宫山村（今西原村）附近雕刻了路标。他听闻从市区逃回乡下的村民议论，抬头看着从西方的远处升起的浓烟，发出慨叹：

诚可叹，旧藩士族，欲保守乡里，亦如此困难。先有偷袭镇台之事（指神风连叛乱），此番又请旧士

---

① 指熊本城周边的市区，今熊本市。

引导，因萨摩隼人来袭，依旧士之见纵火烧城。我之草庵亦成飞灰，别无住处，皆因有人被肥后狸、萨摩狐所欺，此西乡之面孔着实可憎也。又有大炮二十六发，西方之地狱浓烟骤起，佛陀亦不及拯救。（中略）萨摩鬼正侵袭熊本，浓烟烈火令西山焦黑。（《肥国军物语》）

除甲斐有雄之外，许多当地民众都视西乡为"萨摩狐""萨摩鬼"的头目。

二十二日，熊本城攻防战开始。这天，在原熊本藩被称为学校党的保守派士族一千三百余人在市东郊的健军神社结下血盟，推选池边吉十郎为队长组成熊本队，与萨摩军会师。与池边吉十郎住处相隔不远的吉田如雪留下了引人注目的记录。

吉田如雪将弟弟三友（三郎七）送进了熊本队。从他的日记来看，这场战争的起因被认为是三条实美等政府官员阴谋花费"赏金数千元"派刺客去暗杀西乡隆盛和岛津久光。所以对如雪和三友来说，萨军和熊本队发起的叛乱乃是正义的战争。如此一来，放火和劫掠这种有违人伦的行为，自然应是官军所为，与叛军无关。由于如雪几次目睹镇台兵放火，所以当萨摩军在他家附近结下阵势时，他表达了由衷的喜悦："从此无忧官军放火，故煮姥

贝赠番兵。"（《日记》三月十七日条）

然而，当他得知放火和掠夺并不是官军一家所为，连萨摩军也会这么做之后，如雪对叛军的共鸣就立刻崩塌了。在此之前，如雪一直将萨摩军表述为"萨""萨兵"，而从五月八日开始，他就在《日记》中把萨摩军写作"萨贼""贼军"。因为他认为，这场叛乱已经不是正义的战争了。

　　　大小炮声彻晓鸣，醒风泪雨两军情。

　　　不知兄弟今存否，曳杖又登一古城。

对如雪来说，他只能祈祷弟弟三友能够平安归来，并因此对出生入死的官军和萨摩军两方士兵产生了骨肉般的亲情。

虽然西乡一方一开始多少还能得到一些共鸣，但随着战争进程的推移，那些共鸣也渐渐变得相对化起来，因为叛乱并没有正当的名义，这一结果也很难避免。到后期，叛军在人们眼中已经成了纯粹的反贼。

三　报纸报道中的西南战争

我们再回到西南战争爆发时的情形。

西乡隆盛：通往西南战争的道路

西乡隆盛率领一万三千人从鹿儿岛出发，这是一支装备了火炮的正规军队。再加上征召的军夫和呼应起兵的诸队人马，总兵力约三万人。西乡隆盛的末弟西乡小兵卫提出，可以令其中一队人马沿海路突袭并占领长崎，但没有得到采纳，于是全军径直向熊本镇台进发。

下达《征讨令》

私学校一党起兵之后，便成了由著名军事家西乡所统领的军队，而他的举手投足都受到了高度关注。当时的报纸对战事进行了贯穿始终的追踪，就连传言也得到了巨细靡遗的报道，此处且利用当时的报章，简单梳理一下西南战争的经过。

因鹿儿岛暴徒反意既露，携兵器擅入熊本县，征讨之大令，终于在昨日下达。

官院省使东京府

鹿儿岛县下暴徒，携兵器闯入熊本县下，反迹昭然。今下令征讨，命有栖川二品亲王为征讨总督，本日自行在所发来电报，特传此旨。

然本文所指之暴徒，或向各地方遁逃，你所应下达使府县，令其严察境内动向。

明治十年二月十九日

左大臣 岩仓具视

（《东京日日新闻》明治十年二月二十日）

观十九日午后送达之电报大意，传鹿儿岛暴徒等兵分三路，一路自水俣向熊本逼近，一路渡海往天草岛，又一路经丰后开往鹤崎。如上所述，或在明日（廿日）开战。若果真如此报道，则昨日战争应开始，然至今尚未得确报。

熊本镇台发来电报称：昨日上午十一时三十分，本城（熊本城）烧毁，同日午后二时许火灭。兵器、弹药、粮草及各兵营皆无损伤。其原因尚不明。一说庙议深忧人民苦于兵乱，特遣有栖川宫往鹿儿岛劝谕，遂持内敕登军舰，率护卫兵一早出帆，然接电报称，十七日清晨暴徒等已闯至熊本县下，故令其立即征讨。

（《东京日日新闻》二月二十一日）

熊本城攻防战

十九日，政府下达征讨令，并任命山县有朋和川村纯义为参军，加入征讨总督有栖川宫麾下，各自负责陆军、海军的指挥。负责守卫战局焦点——熊本镇台的司令长官是谷干城，参谋长是桦山资纪，麾下兵力四千三百有余。二十三日，镇守熊本镇台的官军初次与西乡军进行炮战。当天，由于强攻熊本城的行动失败，西乡军转而采用了围困战术。

　　熊本镇台在今日几被四面围攻，而城兵屹然坚守，终未屈服。遥想其苦战之状，备感王事之辛酸也。虽有电报传信，谓自廿一日战端始开以来，连日数次交战，官军皆得胜利。然贼势亦猖獗，台兵（镇台兵）几陷孤立之境，详细之状却不得而知。官军于植木田间苦战，暂撤南关，贼兵切断熊本镇台与筑后路之联系，气焰汹汹。（中略）（贼兵）集兵锋于熊本镇台，而官军御敌之地，亦在熊本镇台。

　　（《东京曙新闻》二月二十七日）

　　鹿儿岛暴徒自（萨摩）境内而出，兵力一万四千人，每二百人编成一小队。暴徒内任大队长之职者，有西乡小平（隆盛之弟）、永山矢一郎、别府新助（晋介）、别府九郎、逸见十郎太、永山九成、浅井直之进、松永清之丞、高城十二、河野四郎、村田三介、市本勘介、山内半左卫门、弟子九应助、野村十郎太、中岛武彦、肥后助右卫门、儿玉八之进、伊东直二、山口小右卫门、平山新介等人。又本阵内有西乡隆盛、桐野利秋、篠原国干、村田新八、渊边高照、池上四郎等人。一说，除前述之一万四千兵力外，另有六百人留守鹿儿岛。

（《东京日日新闻》三月一日）

每一刻的战况都得到了详细的报道。不过，西乡隆盛率领的萨摩士族军团固然勇猛，却在举兵名义上和战略上有着致命的缺陷。当时的报道亦冷静地指出了这一点。

萨兵所持之后装式步枪，方三千挺。其余皆为前装式步枪与火绳枪，合计不过九千挺。然彼坚信三千必为精兵，自鹿儿岛一哄而出，既无后阵之策，亦不保护与本国间之通路，如野猪奔袭，不顾后路而猛进，独在肥后口集结。其兵器粮草皆取于敌地，所谓背水决死之军，虽一时彪悍，待到弹尽粮绝，镇台不陷，与策相违之际，则必败于数日之间。

（《东京日日新闻》三月六日）

田原坂激战的报道

然而，报道预言的"必败于数日之间"并没有实现，

西乡隆盛：通往西南战争的道路

这场战争直到半年后才宣告结束。而战事的转折点，便是三月的田原坂激战。三月三日，南下救援熊本城的政府军开始发起进攻，西乡军开战之初便遭受了篠原国干战死的重创，但依旧死守天险田原坂继续战斗。政府军投入精锐部队进行肉搏战，在激战十七日后，才在三月二十日攻陷田原坂。

这场激战的战况在各大报纸上得到了详细的报道，《东京日日新闻》的福地樱痴（源一郎）、《邮便报知新闻》的犬养毅等知名记者都曾亲临战场奋笔疾书。当时福地樱痴三十七岁，犬养毅二十三岁。

描绘熊本城下战斗的锦绘。本已被烧毁的熊本城天守阁也出现在画面上。熊本博物馆藏

战报采录，福地源一郎报：（前略）十四日之今晨，田原坂之战事以侧面攻击始，至于八时前已成激

城山西乡军阵地的旧照片。熊本博物馆藏

战之势。贼之拔刀队将我新兵屡屡斩退（惯于抵御拔刀袭击之熟练兵配刺刀组成圆阵，待拔刀队行至三四间①之内，便一齐开火。如此直竖刺刀之举，恰如防范骑兵之法，然不谙此道者难行此法，故被贼兵数次夺回堡垒），我方亦决意仿效彼之战术，已于昨日完成准备，选拔东京巡警百名组成拔刀队，授予长刀，令其跟随我军进攻队伍。

（《东京日日新闻》三月二十四日）

---

① 日本长度单位，一间约合六尺，相当于 1.818 米。

西乡隆盛：通往西南战争的道路

十五日凌晨五时，田原坂之贼自正面、右翼袭来。正面之贼经一时激战败走，右翼之贼却夺我一堡垒，午后五时又为我方夺回，又午后七时许，正面之贼数百名，拔刀冲进我军胸墙之内，苦战一小时，终将贼兵大体歼灭，仅数名逃回。本日贼兵死伤甚众，全然誓死发狂之光景也。故我军亦严加守备，随时准备进击（十六日午后十一时电报发自久留长）

（《东京曙新闻》三月二十日）

战地直报第七回，犬养毅邮送：贼军先前于田原坂大败之时（廿日之战），日向肥后一带被一时之虚声所威吓而归于贼军者，多生归顺之心，纷纷逃脱贼营。贼徒等更传令阵中，若有逃脱者，屠其全家。由此令可知，贼徒已决心死战。

前报田原坂之树木，无有不中弹丸者，又问官军消耗弹药之数，田原、二俣等战，一日概算不下二十五万发（施奈德步枪），耗费甚多之日，可达三十五万发至四十万发，大炮十二门，耗费炮弹一千余发。

（《邮便报知新闻》四月四日）

战地直报第九回，犬养毅邮送：近日田原坂死尸烂臭扑鼻，若不掩鼻，则直熏头顶，令人寸步难进。

　　贼徒于此地路旁穿穴，以为阵地，前日战中我军夜半偷袭，趁贼未醒，一举突入，左右斩杀，累累尸骸尽投阵地之穴，只以少土掩之，尸首日渐腐败，方生此恶臭。

　　（《邮便报知新闻》四月六日）

越过战事的最高峰

　　在西南战争的战场所在地，直到最近还从田间挖出了施奈德步枪和前装式步枪的子弹，在与激战之地田原坂接壤的玉东町，游客甚至会购买装有那种子弹的小盒作为纪念品。可见，政府军一方在一日之内所耗弹药多则三十五万发到四十万发之说绝非夸张。而在此之外，这里还是士兵们挥刀相向的肉搏战战场。"雨下啊下淋湿阵羽织①/过也过不去的田原坂/右手执血刃/左手执缰绳/马背上那个丰腴的美少年"即是以田原坂激战为主题的著名歌曲《田原坂》的歌词，让人联想到士兵们在大雨淋湿的红色土地上，一边打滑一边拔刀斩杀敌人的模样。

　　谷少将（谷干城）守城数十日不屈不挠，西乡

---

　　①　武士披在铠甲外的背心（无甲时亦可穿着）。

隆盛也深深赞叹，认为可与此人共争锋，还说要将他活捉。以孤军守城数十日，终得今日之功勋，实乃不辱干城之名的大功，若此次第一等战功归于谷少将，亦不为过。如今虽不惮如此明言，然熊本城中粮食渐缺，十四日（官军与城中守军会合之日）后仅余五六日之量。值此危难之间坚守如常，丝毫不露屈服之色，乃至令西乡深深赞叹者，诚实至名归也。

（《东京曙新闻》四月二十三日）

这可以说是很有"西乡特色"的一则消息。总而言之，西南战争已经过了最大的转折点。田原坂陷落之后，熊本城依然处在西乡军的包围之下。四月十四日，黑田清隆率领的别动队终于入城，西乡军开始撤退。五月，政府军对鹿儿岛展开攻击。

昨日（七日）午后四时二十五分熊本发来电报，告称五日清晨于鹿儿岛开战。官军于城后山上筑炮台，中腹设栅栏，待贼行至栅栏旁，便同时开炮，击杀贼队长野濑弥九郎，贼败走，鹿儿岛町家及士族房屋计烧毁一里半。

（《朝野新闻》五月八日）

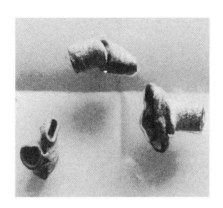

"对头弹"。两军子弹在空中对撞，可见战斗之激烈。
植木町田原坂资料馆藏

西乡军最后的抵抗

战斗遍及整个九州南部，而西乡军则在宫崎驻扎，进行最后的抵抗。此时，报纸报道已经开始提及战后处理问题了。

熊本县下由于兵灾与土寇而罹难，需赈恤户数一万四千九百五十九户，所需金额五十八万七千八百四十九元八十七钱。又，救助大米限烧失者领取，每人二合五勺①，供给三十日。凡与贼党勾结者，含其家族在内，临时房屋修筑费与救助大米皆不予发放。

---

① 合为日本容积单位，约合 180.39 毫升，相当于 150 克大米；一勺为十分之一合。

西乡隆盛：通往西南战争的道路

（《东京日日新闻》八月四日）

贼将村田新八携白底大书村田新八字样之手旗，着黑罗纱饰带之洋服，自出阵头指挥，奋战突击，所向无敌，如誓死狂乱之态。官军屡屡见而狙击，更不能中。实乃强运之贼将也。

（《浪花新闻》八月二十一日）

贼赝造纸币凡二十四万元有余，其中十四万元流通在外，余十万已不能用，堆积如山也。

（《大阪日报》八月二十四日）

今日于日向宫崎战死之贼，尸体怀中有传阅文如下：

各队顺达

宁为玉碎，不为瓦全，各自早已有闻，如今何存顾虑。本军早先告示，既失金城汤池，仅存日隈一地而已，然至今仍不乏一人当千之勇士，岂可屈降敌军而遭惨刑。报国重义者，当勠力奋战，但期同日同刻毙。

明治十年七月三十日

宫崎本营军务所

（《浪花新闻》八月二十六日）

八月，遭遇连续败北并且战且退的西乡军在延冈以北的长井村被数万政府军包围。西乡隆盛认为反击无望，便指示属下自由行动。当时有约四千人投降，于是西乡隆盛率领残部三百人，在九月一日成功返回鹿儿岛，困守城山。

西乡于城山中腹设临时小屋栖居，桐野奔走各处指挥兵士，有兵粮二百俵①。以上为先前被俘虏之大阪府巡查，昨夜逃脱归队之后报知，详情将以信件汇报。（昨十四日午后四十二十五分熊本分局发出，鹿儿岛田之浦十二日所发之安藤中警视绵贯中佐电报）

（《东京曙新闻》附录，九月十五日）

到九月末，就传来了本书开篇提到的西乡死去的消息。

叛军士兵将众多民众卷入战事，也丢掉了自己年轻的生命。战争以西乡隆盛之死宣告终结，从他死前那句"晋先生，这样就够了"中，虽然能体会出他对师出无名的长期战斗感到绝望，但并不能看出对被迫承受苦难之民众的谢罪之心。这里正隐藏着士族叛乱不能被忽略的本质。

---

① 日本传统的编织袋，用干草编成，多呈圆柱状，用来装大米、腌鱼等农产品。

四　西南战争的舞台背后

位于指挥中枢的西乡从道

在抵御西乡隆盛的政府军指挥中枢，有着隆盛之弟从道的身影，这可谓历史的讽刺。西乡从道被陆军卿山县有朋任命为参军并赶赴战场后，又被任命为陆军卿代理，并在五月三日出任行在所的陆军事务指挥。也就是说，他在亲赴前线的参军山县有朋、川村纯义等司令级别将官与主持政府的太政大臣三条实美、大久保利通、伊藤博文、黑田清隆等参议及大藏卿大隈重信之间，承担了联络军方与政府的重要职责。双方的信息交换和基于这些信息的政策性指示，全都通过从道得到沟通。此外，关于各地士族之动向的情报也都被送到他这里来，也就是说，他不但负责军政事务，连内政事务也有所涉足。防卫研究所图书馆收藏的陆军本省《密事书类》和征讨陆军事务所的《密事日记》中，都详细记录了以西乡从道中将为核心的活动痕迹。

西乡从道首先关注的是财政方面的措施。西乡从道认为，随着战争时间拖长，各地都有可能出现"变动"，因此需要"顺时宜而招募临时壮兵（义勇兵）"，加急"制造、采购兵器弹药"，这就需要动用庞大的资金，要求"政府以非常之英断，大力减省官有地等一切费用，乃至诸官员之俸禄"。因此，他一方面请求山县有朋和川村纯义两参军在战线上努力"节省军费"，另一方面又请求大藏卿大隈重信"因预备金不可欠缺，应准备本六月到九月间四个月之金额"，以备不时之需（六月二日）。

对战事扩大的警戒措施

可是，西乡从道最为在意的，还是防止战争扩大到九州以外的地区。

换言之，就是对以高知为中心的四国的形势保持警惕，尤其是注意立志社等民权派士族的动向。在"靖献徒①随时可能暴动，立志社亦可能随之暴动，独百余人之中立社为守义而决心抵抗两社暴动"（致两参军报告，六月十七日）的情况下，西乡从道下令高知县内的"步枪一千五百挺，火药及雷管等由陆军统一采购"，以制造"除此之外再不存大批兵器"的状况（致山县参军报告，六月九日）；此外，西乡从道还曾就抓捕返回九州的藤好静与村松政克（六月十四日）等举动做出了指示。

---

① 指靖献社，与后文中的立志社、中立社一样，皆为以高知（旧土佐藩）为中心的民权派结社。

西乡隆盛：通往西南战争的道路

西乡从道对于六月九日立志社向京都行在所提交请愿书之事当然也尽在掌握，他也就此向参军做了报告。此外，海军的海岸线警备工作、向四国增派警力以及确保与四国之最短联络线丰后①的警备工作，都由从道直接安排。最令他警惕的是有人可能追随西乡军而起兵，令战乱波及九州以外的地区，这一担忧并非没有理由。

政府军下级士官的《口供书》

这里要介绍一份颇为有趣的史料，那就是在战斗进行期间的三月十三日由一名政府军下级士官发出的《口供书》。这名下级士官名叫阿妻太郎，是一名隶属于第三旅团预备炮兵第一大队的军曹。口供书内容提到了这样一个事件："本人率伍长大石高义等十一名兵卒前往腹切坂，与兵卒等一同饮获赠之酒，微醺时放声高歌，遭邻营近卫队制止，故出逃至此。"也就是说，他们在腹切坂作战之后，得到了慰劳的酒水，却因聚在一起醉酒高歌，遭到了近卫队的投诉。后来，队长在接受审问时做出了这样的回答：我们面对"势头猖獗"的萨摩军，"当彼之锐利锋芒，勤勉奋战"，因此"高歌小事，应得谅解"，何况他们并没有在歌谣中诽谤参谋官和其他将校。这原本并非什

---

① 日本旧令制国，相当于今大分县。

么大事，但阿妻接下来说的话值得关注。阿妻说："若我为草莽，则难免受到诱惑，为贼徒效力；幸有兵役，才得列征讨军之末。"

这名军曹扬言自己有可能加入贼徒，这可不是一件小事。事实上，不仅是他，许多人都有可能在西乡起兵后对政府发起反抗。因此，政府必须想尽一切办法，防止那些有可能构成叛乱核心的反对势力四处举事作乱。

军事技术的试验场

本章开篇提到了"风船炮弹"。西南战争可谓一大军事技术试验场，除了"风船炮弹"之外，还有许多新武器登场。本节将简单介绍相关内容。

在《读卖新闻》对西南战争的报道中，有这样一段话：

> 风闻受陆军省之委托，由海军省制作之风船已准备运至战地，由麻生武平君护送，而麻生君截至昨日尚未接到如此命令，然风船运送一事确凿无误，其打包已然完成，氢气瓦斯已装瓶，详情一有消息将继续报道。

> （《读卖新闻》六月十九日）

这篇报道虽然没有提供什么信息，但其中提到的"气球"有可能是"风船炮弹"。只是文中又提到"制作"，结合时期判断，"气球"真正所指的恐怕是"轻气球"。

"轻气球"制作完成

这一时期最值得注目的是，日本军队不但依靠进口武器，也在自行研发新型武器。"轻气球"便是其中一种。四月十四日，西乡从道向代理局长传达了制造"轻气球"一事，随后又在十六日通知海军兵学校"筹备制作方法"，结果在短短五周之内，这一项目便宣告完成。五月二十二日，西乡从道向内阁各省长官和横须贺造船厂等传达消息称，若明日（二十三日）"无风无雨"，将于"北省门外操练场"，从凌晨四时开始注入氢气，上午八九时许进行试飞。"各局可趁空闲前来观看"，还准备了茶和点心、洋酒、烟草等款待用品。

当天的情形在广濑顺皓编《斋藤实关系文书》所收录之《轻气球制造之事》一文中得到了介绍（柏书房《黎贝卢斯》创刊准备号）。文中提到，气球长九间（约十六米），宽五间（约九米），周长十七间（约三十米），体型庞大，用奉书和纸[①]与一百二十匹绸缝合

---

① 和纸的一种，在楮纸的基础上混入白土等材料，江户时代以来被运用于各种场合。

而成，以橡胶涂抹表面，内部的氢气通过将近一千两百米的管道从位于千叶金杉的瓦斯局输送过来，用蒸汽泵填充。在海军兵学校供职的马场新八乘上"轻气球"底部的大网，上升到一千二百尺（约四百米）高空后，以挥舞红旗为号，让地面人员将"轻气球"拉回，然后将绳子解开，让"轻气球"再度升空，飞到一二百米高后向东南方飘出一里半①左右，最终在堀江村②落下，并惊吓了当地渔民。

西乡从道可能在 1869 年（明治二年）开始的欧洲军事考察期间就获得了关于"轻气球"的知识，兵学校等机构也有可能已经拥有或制作了相关装备的设计图。但总而言之，仅用五周时间就制作出能够载人的"轻气球"，着实令人惊叹。

地雷火、电信、水雷

"地雷火"的研发与生产过程同样令人惊叹。早在熊本城攻防战中，地雷便已投入使用，被守城的政府军布设于通往熊本城内的坡道之上。而在二月二十八日，陆军少佐牧野毅曾向陆军大佐小泽直雄汇报称自己希望

---

① 日本的一里约合 3.9 公里。
② 今东京都葛饰区堀江町。

在这场战争中使用"地雷火"，还向陆军卿申请"调用此次从德国采购之军用电信①充作地雷火之机械"并得到了批准。接下来，牧野毅委托参谋局的原田大佐进行试验，结果发现"机械之制造法用于地雷时其力偏弱，并不适用"，因此认为把电报机用于军用电报通信的本职最为妥当，并准备将架设十余里的电报线路所需的电线与电信器材与工部省的技术人员一道派往博多。然而，"鉴于地雷火之器械与电信机使用同种电线"，牧野毅又决定对设备加以改装，"以相机将彼之电线用于地雷"，直至四五天之后终于接近完成，达到了"本次运送之机械与电线，可听凭指示加工为地雷引线或用于电信之途"的效果。

虽然向陆军卿山县有朋申请批准将德国进口的军用电报机改造为地雷火机械的具体日期无从查考，但可以肯定的是，此事发生在私学校军开始北上以后。如此一来，几乎在不满两周的时间内，将军用电报机改造为地雷兼用设备的工作就已经成功，并在田原坂的战斗中投入使用，发挥了威力。

此时，海军也已为战事准备了"水雷"。战争爆发不久后的二月十七日，"筑波"号副长、海军少佐福村周义

---

① 即电报机。

向海军兵学校的海军大佐松村淳藏申请领取"水雷药品及雷管",最终获批使用水雷用雷管五十根、硫酸五斤、硝酸八斤,"已预备之用品,亦将交付"。可见海军方面连研发工作所需的预备品都已经准备好了。

火箭弹国产化

最后是"火箭"。战争开始后,"孟春"号、"凤翔"号以及"日进"号、"筑波"号等军舰,乃至驿站局用船和邮船上都搭载了火箭,一些第一次搭载火箭的船只还为此加装了火箭台。

这里所说的火箭是指依靠火箭推进的炮弹,也就是现在所谓的火箭弹。这一武器在日本也被译为"军用火箭"(kasen)① 或"军用火矢",但在此时似乎已经被惯称为"rocket"了。当时使用的火箭被分为"军用火箭"即火箭(弹),以及通过火焰颜色变化传达信号的"信号火箭",两者都是这一时期军舰上的常备用品。火箭弹分六斤与三斤两种,每一种都大量用于舰炮射击。

这里的火箭弹可能是从英国进口的武器,不过在这次战争中,军方也进行了国产化的尝试。首先是火箭台的制

---

① 即汉字"火箭",读音采用两字之音读。

作。二月二十八日下午一时开始，军方便在海军省内南海岸①发射了五发火箭弹，进行了火箭台测试。

紧接着是火箭弹本身。西南战争进行期间，火箭弹的储备变少，于是兵器局副长、海军少佐末川久敬向海军大辅川村纯义的代理人提出"此时应事先建造当局贮藏之火箭弹器械，制造火箭弹一万发左右，以备当下使用并预备后事之需"。翌日，川村纯义批复了一千发的制造许可，但末川久敬少佐提出，制造火箭弹用的"阿特拉斯合金""不同于寻常铁板，内含有铜"，一旦需要时很难马上取得，所以申请"另批款项以采购一万发所需之材料"，最后获批得到了九筒火箭弹用的铁板（宽一尺一寸四分，长四尺二寸）八百三十四块（可用于五千枚火箭弹），制造二十四筒火箭弹用的铁板（宽一尺五寸八分，长四尺二寸）一千二百五十块（可用于五千枚火箭弹）的采购金五千零九十四圆三十钱。

虽然不知道这些火箭弹依托了怎样的技术才能被制造出来，但它与施奈德步枪及其他弹药的制造一道快速实现了国产化，着实令人惊异不已。

当然，虽说是"新武器开发"，其实质基本上都是仿

---

① 西南战争时期日本海军省设在东京湾沿岸之筑地，故在其占地之内即有海岸。

制，这些开发项目的成果是否构成了决定西南战争官军胜利的关键也很值得怀疑。不过，在敌我子弹相撞于空中，乃至令双方士兵在雨中白刃厮杀的激战期间，尽管百姓因家屋焚毁、田地荒芜而无所适从，军方仍视此为一大良机，不惜投入国家资金试制足以达到国际水平的武器，而精明的政府则高高在上关注着国内外的动向，这或许正是让近代日本走上帝国主义道路的幕后力量。

对国际形势的关注

西南战争期间，政府关注的焦点并不只在于军事技术，在对国际形势的监视上也同样没有懈怠。

在此时的欧洲，由于英俄彼此对立，而奥斯曼帝国境内兴起了民族独立的浪潮，国际形势趋于复杂化。四月二十一日，俄国终于对土耳其宣战，俄土战争爆发。在日本报界，这年一月的《东京日日新闻》刊登了总编久保田贯一署名的评论文章《土耳其危机并非对岸之火》，再加上其他报道，展现了对国际形势高度关注的态度。对此，政府的应对也非常迅速。西乡从道向井田让少将下达指令："俄土终于开战，如今委托俄国政府，将山泽以士官身份编入俄军应该不难。现任命山泽为步兵科中佐，并立即用电报通知其人。山泽不在时，遵照他本人意见，安排两名人员接管留学生管理工作。"这里提到的山泽，就是山泽静吾。此人作为留学生监察，外语能力十分优秀，可能因为这方面的能力而得到了提拔。井田少将于五月二日（此时俄土战争已经开始，但消息尚未传到日本）做出答复："开战之情报送达后，即按命令行事"，还提出了派武官前往土耳其一方观战的建议："选取英法语学通达之人，遣往土国（土耳其）如何？"当然，他的建议也被批准执行了。

包含西乡从道在内，政府并没有只将目光集中在九州的叛乱之上。想必在政府眼中，对叛乱的处理也只是通往日本帝国的道路上无可避免的一个台阶。

终章　国家构想的交错——日本近代史上的西乡隆盛

士族叛乱与自由民权运动

士族叛乱与自由民权运动都是发生在征韩论争破裂之后的政治运动。西南战争爆发的翌年（1878 年，明治十一年）五月十四日，士族叛乱以大久保利通被暗杀（"纪尾井坂之变"）一事为标志逐渐落幕，而自由民权运动则以 1874 年（明治七年）《民选议院设立请愿书》的提交为开端，起初是为士族所主导的一场运动，后来渐渐接纳了民众的参与，最终发展成为拥有几百个政治结社和各种团体的全国性运动。这一运动经历了 1880 年（明治十三年）国会期成同盟和翌年的自由党成立，以及 1882 年（明治十五年）的福岛喜多方事件和 1884 年（明治十七年）的秩父事件等几个高潮，到 1890 年代初，已经发展成拥有各种要素的大型政治风潮。

正如前文所述，这两大运动视有司专制为共同的敌人，并在这一方面保持着协同合作的关系。但两者的决定性差异在于，自由民权运动是被有司专制排斥在权力之外的反对派力量与反对地租改正等政府政策的民众结合在一起的产物，而士族叛乱由始至终都是没能将这些民众要求纳入自身系统中的武装暴动。

这一不同之处会给克服了有司专制这个共同敌人之后，双方各自期待的国家构想带来多大的差异呢？

国家构想的混杂

笔者用一张示意图表明了士族叛乱及自由民权运动与有司专制的关系，以及两种运动希望实现的国家构想。

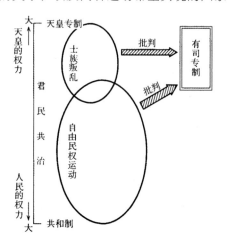

终章　国家构想的交错——日本近代史上的西乡隆盛

　　从维新伊始到明治二十年代初，以天皇掌握一切权力的天皇专制和彻底的共和制为两极，存在于日本国内的种种国家构想构成了跨度广大的光谱，各种君民共治的形态依其对天皇权力与人民权力的分配方式不同，排列于上述两大极端中间。在这个范畴之内，士族叛乱派的构想总的来说更接近天皇专制，而自由民权派的构想则更接近共和制。然而，两派构想在这一尺度上的范围颇为宽泛，彼此之间还存在着重叠的部分。例如，神风连的国家构想本应在士族叛乱派中处于最接近天皇专制的位置，而土佐民权活动家植木枝盛①的构想，则被认为在民权派中最为接近共和派。至于主动加入西南战争的宫崎八郎及协同部队的人员，以及中津的增田宗太郎、江藤新平和暗杀了大久保利通的加贺的岛田一郎等人，则处在士族叛乱派与民权派的构想彼此重叠的位置。

　　那么，西乡隆盛的构想究竟位于何处呢？在思考这个问题之前，首先要探讨两个问题。一是如何定义天皇这一概念，二是针对有司专制的批判为何能成为批判政府的口号。笔者认为，通过探讨这两个问题，我们就能逐渐看清西乡隆盛在这一光谱上所处的位置。

———————————

①　植木枝盛（1857—1892），明治时代自由民权运动的重要理论家，曾于1881年私拟《东洋大日本国国宪按》，倡议建立国民主权的联邦议会制国家，为自由民权运动中最激进的主张，与神风连在立场上截然相反。

成为"皇国主义者"的逻辑

如上文所述，西乡隆盛对旧主岛津齐彬的忠诚与敬慕之心强烈影响了他的行动。亲自成为藩政的负责人，甚至超越藩一级的政局、站到国家的中心位置，在政治上和世俗上支配、领导本藩，也就是岛津齐彬的萨摩藩，这对西乡隆盛来说是绝对无法接受的结果。而为他解决了这一矛盾的关键就是天皇。成为天皇之臣，与他作为旧主岛津齐彬之臣的身份并不矛盾，而是将后者涵盖其中。笔者认为，西乡隆盛经历的正是这样一个思考并接纳的过程。在这个意义上，西乡隆盛正是出于对岛津齐彬本人的忠诚这种封建伦理的极致体现，才得以成为中央政府的官僚。这就是将西乡隆盛理解为"皇国主义者"的原因。

这个观点看起来或许有些牵强，但在这一时期活动的人物多少都受到了旧时代观念、道德和规范意识的影响，他们为了从那些束缚中挣脱出来，都不得不找出一些看似牵强的解释来让自己信服。在这些人当中，大多数人都通过成为"皇国主义者"实现了意识的转换。后来成为《东京日日新闻》社主的明治时代知名记者福地樱痴就是其中一例。

福地樱痴原本是幕臣，在幕末时期曾两度出国考察，又在长崎参与了《荷兰风说书》① 的翻译，是个有识之士。他在戊辰战争期间发行了日本人创办的第一份报纸《江湖新闻》，并引起了第一次笔祸事件。当时他在报纸上发表文章称，自古以来，由西向东进攻的军队从未有过获胜的先例，因此以萨长为主力的讨幕军不可能获胜，此言引发了官军的怒火。福地樱痴的内心或许还存在着身为幕臣的观念，但他想必也一直有着清醒的认识，知道萨长与幕府其实彼此彼此。

事与愿违，萨长军在戊辰战争中获得了压倒性的胜利。福地樱痴不得不面对如何解决眼前现状的难题。其结果就是，他注意到了绝对主义政体在西方建立的历史，认识到从封建社会向近代社会转变的过程中，曾经存在过强大王权统治国家的时代，并发现维新变革的性质恰好与之相同。正因为以天皇为出兵的名义，讨幕一方才获得了胜利。他这样解释并接受了维新之后的现实，自己也在这个过程中转变成了"皇国主义者"（猪饲隆明《福地樱痴》）。

笔者认为，"皇国主义者"形成的背后，很可能有着

① 江户时代幕府要求长崎的荷兰东印度公司商馆定期提供的海外信息简报，主要提供关于欧洲、南亚、东南亚等地的消息。《风说书》原文由商馆长用荷兰语写成，然后由幕府一方的通词（翻译官）译成日文。

各种各样的经历和逻辑。如此看来，在这场西南战争中，彼此并不相识的西乡隆盛与福地樱痴，是否同为"皇国主义者"，一方作为叛乱军总指挥，另一方则作为从军记者，形成了对峙呢？

在有司专制这一制度下，天皇只被理解为权威的来源。这点从岩仓具视和大久保利通的话语中也可以得到确证。有司专制通过利用天皇的权威来维持统治，这一做法对西乡隆盛来说绝对不可饶恕。在政策基调上，西乡隆盛与大久保利通存在一致之处，然而两人之间始终存在着这一根本矛盾。

提供权力批判的理据

现在转向另一个问题。事实上，这个问题与之前的问题有很深的关系。

虽然上文已有论述，此处姑且再做一遍整理。为了回避殖民地化的危机，日本必须尽快实现国家统一和富国强兵。然而政府在面对这一紧急课题的同时，却无法用制度性的方式解决政权内部的深刻矛盾，此时政府内部就形成了一个通过私交关系维持的强大领导集团，也就是"有司"，而以"有司"来贯彻政策执行的体制，就是有司专制。这种专制的前提是"有司"掌握了能够从天皇处获得批准的地位，在表面上利用"天皇亲政"来进行国家政策的制定和执行，并独占人事任免这一国家机关内部最为重要的权力。

也就是说，有司专制是一种拥戴天皇并利用其权威的体制，可谓权力中的权力。这不仅是高踞于一般民众之上的专制体制，也必然会在官僚当中催生出实质上被排除在权力之外的群体。自《民选议院设立请愿书》以来，自由民权运动之所以批判政府为"有司专制"，就与这个问题相关。也就是说，这个逻辑不可能出自本来就与权力没有关系的民众。民众只能看见以天皇的名义颁布的政令法规，丝毫不会想到去批判权力内部的某个统治集团。要是民众中间出现了那样的批判逻辑，那也只能是因为曾经处在权力内部的有司专制反对派被放逐到权力之外，从政府外部展开了批判活动。而征韩论争就造成了这样的事态。换言之，在近代日本政治史上，征韩论争破裂的一个重要意义，就是为从政府外部进行权力批判提供了理据。

然而，这场运动既然是以批判有司专制的逻辑为基础展开的，自然就带有无法忽视的弱点。换言之，对有司专制的批判，其性质与铲除"奸臣"或"君侧之奸"的想法相同，所以很难转换视角，批判天皇本身。结果，将天皇的善意与人民公议结合起来的主张成了自由民权运动的基调。以天皇为推翻幕藩体制之变革的象征的历史记忆或许也对这一认识的确立发挥了作用。从私拟宪法①的内容上看，或许无法排除自由民权运动在不断发展的过程中因应形势、走向共和主义的可能，但即便将在日记中主张共和制的植木枝盛考虑在内，我们也无法在自由民权运动的历史上找到任何明确的共和制构想，这一事实本身显然就暴露了这场运动的缺陷。如果自由民权运动的主导权转移到社会地位更低的民众手中，那么不再执着于天皇这一概念的新理论或许还有涌现的可能，但这一可能性最终并未成为现实。

思考西乡隆盛的国家构想

将话题转回西乡隆盛。西乡隆盛是否有过具备成为国家构想之潜力的思想？这个问题虽然难以回答，但我们基本可以推断，西乡认为天皇直接参政的天皇亲政（专制）是理想的国家形态。与此同时，西乡隆盛应该也认为立宪制能够起到一定作用。例如，他在 1872 年（明治五年）就对左院起草的《国会议院规则》表示过赞同。可是，立宪制的本质在于分权，本来就与专制相互矛盾。在西乡隆盛的理念中，两者究竟要怎么结合起来？恐怕他对此并没有非常具体的想法。

---

① 明治时代《大日本帝国宪法》颁布之前，民间人士私自议论并拟定的宪法草案。

经常有人说，西乡隆盛的理想是仁政主义、德治主义。唯有通过天皇亲政，才能实现这一理想，这与主张开设国会、让国民的声音传达到政府耳中并不矛盾，西乡隆盛原本认同的可能也就是这样的形式。不管怎么说，从之前论述过的内容来看，我们基本可以认定西乡隆盛心中模糊的概念即便在上文图示的士族叛乱派阵营中，亦处在较为靠近天皇专制的位置。

然而，西乡隆盛这一构想的暧昧和不充分性，并不能完全归咎于他自己。维新以来，明治国家就背负着如何将天皇与立宪制这两个要素结合在一起的课题，并将一直背负下去。在此期间，不具备现实性的想法和在整合不同要素时自相矛盾的方案层出不穷，可谓连续不断的试错过程。与其批判西乡隆盛的天真构想，我们更应该强调西乡隆盛也将这个确立国家制度的问题当成了自己的切身问题。

通向帝国宪法体制

有司专制以藩属制亦即封建领主权的存在为前提，并作为凌驾其上的权力而成立，是在这一情况下为完成令封建领主权自行解体这一极为困难的任务而不得不采用的一种统治形态。但即便在封建领主权实质上得到解除之后，由于这一解除过程本身是自上而下完成的，藩阀意识和相应的利害关系依旧残存于权力体制之内，并不断自我再生，有司专制也不得不放任这种状态继续下去。而在有司专制体制内扮演核心角色的岩仓具视、大久保利通与相关的官僚集团，则在出国考察的过程中增强了自身的实力，结果征韩论争便成了有司专制强行肃清政府权力秩序的过程。在这之后，富国强兵的政策以内务省为轴心，得到了政府的强力推动，但沦为政府政策牺牲品的民众也对富国强兵政策发起了激烈的反抗。虽然在西南战争中，有司专制费尽心力将局面控制下来，但囿于其本质上的局限性，这一体制无法阻止自己的批评者在这之后不断生成，乃至于在权力体制的内部与外部都遭到强烈的批判。而 1881 年（明治十四年）的政变，就是有司专制对权力机构发起的第二次大规模肃清。

在此期间，面对弱肉强食的国际社会，有司专制在实现国家独立自主方面发挥了极大的作用。一方面承受着来自士族叛乱和自由民权运动的激烈批判，另一方面又在完成自身目标的道路上取得了一定的成果，这一时期的有司专制不得不再一次陷入苦思：探讨将天皇制与立宪制结合起来、实现符合"国体"之立宪制，已成为不得不认真加以考虑的当务之急。

西南战争爆发的翌年五月，大久保利通遭到暗杀。这一有司专制中心人物的死亡，给当时的权力体制带来了重大的危机。到了第二年，也就是 1879 年（明治十二年）

六月，岩仓具视可能自觉已经完成了历史使命，向天皇奏报了以下内容：

> （因天皇年幼，"妄膺摄行大政之任"。）今圣德夙成，为天下所仰望，臣等自当引退，与僚列共任辅翼之责。

这番话可谓极具象征意义。这年十二月，岩仓具视向三条实美提及"确立适应国体之宪法"（《座右日历觉书》），着手起草符合"国体"的宪法。1881 年（明治十四年），井上毅向岩仓具视提交《大纲领》，宪法构想的大致框架由此正式形成。

《大纲领》规定，天皇传承了天照大神的血统（万世一系），并以此作为其地位的唯一依据，将所有权力都集中在天皇手中，此为日本之"国体"。无论"政体"（政府体制）及其相关要素如何变动，这一国体始终不变，宪法也对此做出了保障。井上毅所描绘的国家构想，在全世界都找不到先例。1883 年（明治十六年），岩仓具视去世，立宪事业由伊藤博文继承。井上毅的构想最终基本没有受到任何修改，直接被采纳到 1889 年（明治二十二年）的帝国宪法（明治宪法）中。

在实现这一国家构想的过程中，有司专制落下了帷幕。首先，在1885年（明治十八年）十二月，内阁制度创立，内阁总理大臣作为各大臣的首席，承担了辅佐大政的责任，"政府即行政机关"的统一性就此得到实现。接着在1887年（明治二十年）七月，"官吏服务纪律"得到修订，官僚被名副其实地定义为天皇制之下的官僚。其第一条如下：

> 凡官吏者，对天皇陛下及天皇陛下之政府，应以忠顺勤勉为主，遵从法律命令，各司其职。

如此一来，在有司专制之下运作的官僚向遵守法律法规的忠诚的天皇制官僚的自我修正便告完成。以帝国宪法的颁布为标志，有司专制最终宣告落幕。

包含了对有司专制之批判的体制

必须注意的是，这个明治宪法体制将此前不断发展的针对有司专制之批判的论述也纳入了自身的体制中，其象征就是：过去位于自由民权运动核心的板垣退助、后藤象二郎和大隈重信等人，几乎毫无愧疚之意地以阁僚身份回归政府，成为镇压运动的主要参与者。在当时的评论中，也存在斥责板垣退助等人变节或厚颜无耻的说法，然而，在有司专制向以明治宪法体制为基本形式的近代国家体制自行转变的过程中，板垣等人的"变节"似乎更应被理解为自由民权运动本身的逻辑与力量被体制逐渐吸收的结果。明治宪法颁布之后，他们继续反对现行体制的理由已所剩无几了。

那么西乡隆盛又如何？笔者推测，西乡隆盛在征韩论争中的意图，就是让自己成为让民心向天皇靠拢的"牺牲品"，以促成天皇亲政。如此一来，西乡隆盛脑中可能描绘过的那个关于国家体制的模糊愿景，最终以明治宪法体制的形式得到了实现。

在一场没有"名分"的战争中，西乡隆盛作为一介"逆贼"殒命。但如果他对国家体制的构想确系上文所述这般，那么在明治宪法颁布之后，他得到平反昭雪也是自然之事。他最终得到的待遇不仅仅是"大赦"，还被政府追封了正三位的位阶。

西乡隆盛死后不久就开始流传的西乡传说，在他被平反之后进一步扩散，哀叹西乡隆盛为何不得不选择死亡的声音日渐强烈，也开始有人对西乡之死表示惋惜。因此，便出现了序章中所讲述的情况。

最后必须指出的是，西乡隆盛后来又演变成以死忠君思想和牺牲思想的代表人物。内村鉴三在《日本人的代表》中怀抱敬意予以赞扬的西乡隆盛，又在二十世纪三十年代，作为新的引人走上死亡之路的亡灵，得到了军国主义者的纪念。

后　记

在经历了一些曲折之后，我在 1967 年开始了在历史学领域的研究。当时政府和财界正在主导推动"明治百年"纪念活动。身为日本史特别是日本近代史领域的研究者，许多人本着学术界的良心，对试图为日本近代涂抹上华美色彩的行动展开了批判。这次活动既磨炼了学术研究的方法，也磨炼了研究者自身的意志。我当时也参与其中，并再次强烈认识到，在探讨近代化论和"皇国史观"时，在研究日本近代史的过程中，近代天皇制问题是个无可规避的主题。

我最为关注的是，日本国民在一定程度上主动参与了以十五年战争①为顶点的不计后果的战争，在这场战争中，日本在亚洲各国杀戮了两千多万人，也深深伤害了自

① 由鹤见俊辅等战后日本知识分子提出的概念，指代日本从 1931 年"九一八"事变到 1945 年回应《波茨坦公告》宣布无条件投降期间进行的一系例对外侵略战争。

己。让这一后果成为可能的天皇制，究竟是个什么样的制度？我试图通过探讨日本近代国家体制形成的原理来接近这一课题，为此，就必须格外关注明治维新以来，日本近代国家的成立过程。我带着这种想法，将它定为自己研究主题的核心。

1976 年，我来到熊本大学任教，翌年正好是西南战争爆发一百周年。我在京都大学深造时，就受到后藤敬的影响开始思考西南战争，同时当地报纸《熊本日日新闻》又邀请我开一个名为"西南战争与民众"的连载专栏，于是我开始重新审视士族叛乱这一课题的研究史，并对此展开了新的探讨。熊本作为西南战争的战场，诚可谓这一领域有关史料的宝库。

不久之后，日本全国就展开了"自由民权运动一百年"的纪念运动。在这方面，熊本也拥有丰富的史料群，因为这里就是全国屈指可数的民权运动据点之一。在此期间，我切实感受到：在熊本展开的政治对抗及舆论交锋，极为尖锐地逼近了天皇制的本质，而熊本则是最为适合观察天皇制国家体制的地方。于是我更加确信，必须从整体上对明治维新到士族叛乱、自由民权运动和天皇制国家成立之间的一连串历史事件进行研究。

在对这一历史过程的研究中，我渐渐产生了重新考察有关西乡隆盛的理论的想法。我希望通过西乡隆盛来重新

西乡隆盛：通往西南战争的道路

审视日本近代国家的成立过程。从维新到西南战争，西乡隆盛一直是一个举足轻重的人物。而且他在死后亦受到称颂，并化为传说，给后世带来了重大影响。世上关于西乡的论点为数众多，但令人意外的是，其实证依据往往颇为缺乏。这在某种意义上说，也是迫不得已。因为西乡隆盛系统性表达自身思想的例子，顶多只可见于 1870 年（明治三年）十二月的《意见书》，就连在西南战争期间，他也没有解释自己为何举兵。本书之所以频繁引用信函内容，就是为了尽量排除想当然的因素，使用原原本本的史料来体现他的思想。于是，在仔细分析那些直接表述了他在国家形成与政治活动之过程中的言行，特别是心情的信函时，我似乎发现了一种和西乡隆盛的传统形象截然不同的新面貌。与此同时，我心中的天皇制国家的形象也开始发生改变。

在本书中，我一边论述西乡隆盛，一边也讲述了大久保利通和有司专制。因为我认为，和过去相比，我们现在更加无法在割离与大久保和有司专制之关系的情况下谈论西乡隆盛。这里虽然包含了我的固有方法，但也有众多先行研究的成果可作为依据。以《西乡隆盛》为题的新书①

---

① 指日本以"新书判"（即 B40）规格发行的小开本系列丛书，其内容以专业人士或学者向大众简要介绍特定专业课题为主。岩波书店的新书系列即为岩波新书，中央公论新社的新书系列即为中公新书。

有圭室谛成版（岩波新书）与井上清版（中公新书），其中尤以井上清版对我更有指导性。在征韩论争和士族叛乱的研究方面，井上清氏的《日本军国主义》（东京大学出版会）是在与后藤靖的《士族叛乱的研究》（青木书店）论战中磨砺而成的著作。此外，我对这一时期的关键概念"有司专制"的理解，则受到了远山茂树《有司专制的成立》（收录于堀江英一、远山茂树编《自由民权期的研究》，有斐社。再录于《远山茂树著作集》第二卷，岩波书店）的启发，并加入了我自身的拓展研究。另外，我还直接、间接从其他许多先行研究中获得了宝贵的参考，特记于此处，以表谢意。

　　此前我在芝原拓自的邀请下，编写了《对外观》（日本近代思想大系）一书，彼时共同编写此书的池田正博这次也对我关照有加。在校对阶段，他提出了几点宝贵建议，还为我一一检查了引用的史料。在此，我想对池田先生补足拙作的劳苦贡献表示感谢。但是，本书的一切校订责任全部归于我一身。此外，编辑井上一夫自《对外观》以来就一直与我合作，他不断激励着我这个懒于动笔之人，还对全书的整体内容和结构提出了宝贵的建议，特此感谢。

一九九二年五月

猪饲隆明

图书在版编目（CIP）数据

西乡隆盛：通往西南战争的道路／（日）猪饲隆明
著；吕灵芝译. -- 北京：社会科学文献出版社，
2020.9

ISBN 978 - 7 - 5201 - 6305 - 7

Ⅰ. ①西… Ⅱ. ①猪… ②吕… Ⅲ. ①西乡隆盛（
1827 - 1877）- 人物研究 Ⅳ. ①K833.135.2

中国版本图书馆 CIP 数据核字（2020）第 028680 号

西乡隆盛：通往西南战争的道路

著　　者／〔日〕猪饲隆明
译　　者／吕灵芝

出 版 人／谢寿光
组稿编辑／董风云
责任编辑／沈　艺　徐一彤

出　　版／社会科学文献出版社·甲骨文工作室（分社）（010）59366527
　　　　　地址：北京市北三环中路甲 29 号院华龙大厦　邮编：100029
　　　　　网址：www.ssap.com.cn
发　　行／市场营销中心（010）59367081　59367083
印　　装／三河市东方印刷有限公司

规　　格／开本：889mm × 1194mm　1/32
　　　　　印　张：7.375　字　数：135 千字
版　　次／2020 年 9 月第 1 版　2020 年 9 月第 1 次印刷
书　　号／ISBN 978 - 7 - 5201 - 6305 - 7
著作权合同
登 记 号／图字 01 - 2019 - 2603 号
定　　价／52.00 元